VERLAG ANTJE
KUNSTMANN

Fritz Eckenga
Mit mir im Reimen

Alle Gedichte und neue

Zeichnungen von Ernst Kahl

Verlag Antje Kunstmann

Inhalt

Mit mir ...

... im Foyer 7
... bei mir 43
... an Tisch und Tresen 83
... durch Jahr und Tag 143
... bei ihr 173
... unterwegs 203
... beim Tier 233
... in Zumutungen 255
... auf Sportplätzen 309
... vor öffentlichen Erscheinungen 363
... im Reimen 401

Verzeichnis der Gedichttitel
und Gedichtanfänge 428
Vorläufige Schlussbemerkung 447

Mit mir im Foyer

Da bissuja, mein roter Bruder,
Dadí Dadú Dadí Dadúda!

Jahresabschlussbilanz

Habe hundert Stück Gedichte –
oder waren's hundertsieben? –
fang noch mal zu zählen an,
tja, wo sind sie denn geblieben?

Zwanzig, weiß ich, sind auf Reisen,
um mal etwas Luft zu schnappen.
Zwanzig stürzten in die Nordsee,
um sich heimlich zu verklappen.

Fünfunddreißig, frisch vom Reimberg,
müssen kühl und dunkel reifen.
Brauchen auch noch ein, zwei Jährchen,
dann werd' ich sie wohl begreifen.

Dreizehn schafften es ins Jenseits,
schrieben dreizehn Ansichtskarten.
Elf von Wolke eins bis sieben,
zwei von unten: »Fritz wir warten!«

Zwölf Gedichte fiel'n im Kampfe,
ich hör sie noch Treue schwören:
»Dir gilt unser kurzes Leben,
nicht den dummen Redakteuren.«

Das war'n hundert, fehl'n noch sieben,
sechs sind, weiß nicht wo, sind futsch,
eins ließ ich bis heute liegen:
Das war dieses. Guten Rutsch!

DAS METHUSALEM-KOMPOTT

Wer wird warten, wenn ich gehe?
Wer wird gehen, wenn ich bleib?
Wer wird schieben, wenn ich stehe?
Wer wird lesen, wenn ich schreib?

Wer wird mich im Knast besuchen,
respektiv Seniorenstift?
Wer backt mir 'nen Marmorkuchen?
Wer hilft mir in' Treppenlift?

Wer reicht mir die Schnabeltasse?
Wer spielt mit mir dressed to kill?
Wer schiebt mich auf die Terrasse,
wenn ich eine rauchen will?

Wer bringt mir den Stuhl mit Pfanne,
hebt mich trotz der Flatulenz
samstags in die Badewanne,
für die Fußballkonferenz?

Sechzehn Zeilen letzte Fragen.
Och, das ging ja ganz schön flott.
Muss noch einen Titel tragen:
Das Methusalem-Kompott.

So – jetzt noch die Rechnung schicken:
info@imalterfit.
Macht dreihundert schlanke Mücken,
speichern, senden, weg damit!

Honorar – und niemals Rente!
Bis zum letzten Altersreim!
Nichts Püriertes! Nur al dente!
Kommt mir nicht mit Haferschleim!

DER WEIN WAR EIN GEDICHT

Kartoffeln schälen,
Möhren schaben,
derweil mich schon am Weißen laben.
Fisch beträufeln
und gelassen
den Roten abseits atmen lassen.

Tomaten vierteln,
Schoten waschen,
na gut – noch mal vom Weißen naschen.
Fischbett machen,
Ofen wärmen,
vom Bukett des Roten schwärmen.

Fisch ins Bett,
Bett ins Rohr,
schmeckt der Weiße nach wie vor?
Durchaus! Chapeau!
War auch nicht billig!
Der Rote riecht extrem vanillig.

Geiter Zwang –
Quatsch: Zweiter Gang!
Weißer, bist ein guter Fang!
Wühnchen haschen?
Hühnchen waschen!
Wird daschu der Rote paschen?

Mussich kosten –
Junge Junge,
der liegt ewig auf der Zunge!
Tut mir lei – Hicks –
Tut mir leiter!
Dagegen ist der Weiße Zweiter!

Huhn muss raten?
Braaaten! Rohr!
Fisch vergessen – kommt mal vor!
Kann nix machen,
muss zum Müll.
Der Rote macht mich lall und lüll.

Dummes Huhn,
bis morgen dann.
Heut leg ich keine Hand mehr an
Dein Fl – dein Fl –
Dein tzartes Fleisch.
Wo far denn noch die Wlasche gleich?

Versteckdichnich!
Ich finde dich!
Heutkochichnich heuttrinkichdich!
Da bissuja,
mein roter Bruder,
Dadí Dadú Dadí Dadúda!

Im wunderschönen Monat Zwei

Da draußen ist's mir zu beblüht,
ich hätt's jetzt lieber kahl,
die Triebe treiben arg verfrüht,
das wirkt doch alles sehr bemüht.
Ich trüg' jetzt lieber Schal.

Da draußen ist es nicht so grau,
wie ich es gerne hätt.
Da draußen ist's zu klar, zu lau,
ich hätt's jetzt lieber ungenau
und mollig mau im Bett.

Da draußen vögelt's mir zu grell,
da ist mir zu viel Brut.
Ich hätt's jetzt lieber halb so hell,
mit dir und mir im Winterfell
vor roter Ofenglut.

So wie noch im letzten Jahr,
im sachmalschnell - im Februar,
als keine Knospen sprangen,
als keine Vögel sangen.
Im wunderschönen Monat Zwei,
da ist's doch auch gegangen.

Bauch- und BVB-Weh

Man darf das nicht vergleichen,
doch beides tut sehr weh:
Du hast PMS,
ich hab BVB.

In beiden Köpfen Watte,
in beiden Körpern Blei,
bei dir ist es der Zyklus,
bei mir ein 1:3.

Dir geht's etwas besser,
im Gegensatz zu mir,
du schluckst ASS,
ich schluck S04.

Ich bin etwas neidisch,
du bist bald am Ziel,
musst noch durch das Blutbad,
ich zum Auswärtsspiel.

Du bist drüber weg,
PMS ade!
Sag zum Abschied leise:
Héja BVB!

NOVEMBER

November, schwarzer Monat du,
kehrst stets wieder, gibst nicht Ruh,
schickst uns neue dreißig Tage
dunkeldüstergraue Plage.

Bleichst fahle Blässe in die Wangen,
machst Gesichter traurig hangen,
pflanzt unzählig Depressionen,
sorgst für unbespielbar Boden,
brichst das Licht mit klebrig Nebel,
hebst mit eklig Regen Pegel,
lässt die Winde grausig tosen
in unseren langen Unterhosen.

Schleichst dich schleimig an uns ran,
doch wir wissen deutlich wann
deine Marter übel droht.
Spätestens wenn Hundekot
wässrig sich mit Baumlaub quetscht
unter unsere Gummisohlen.
November, kannst uns nicht verkohlen!
Zu bestialisch fault dein Odem
auf unserem teurem Teppichbodem.

November, alter Leichenschänder!
Los! Sag an! Schmeißt du 'ne Lage
Schnaps auf deine Totentage?
Hast so viele wie kein zweiter,
Kadaverfürst, vermaledeiter.
Wirst hemmungslos uns wieder quälen
mit Buß- und Bettag, Allerseelen
und heuer, ach, es ist gar greißlig,
mit Todestag des starken Schutzwalls,
der am Neunten deiner dreißig,
vor so langer Jahre Frist
viel zu früh verendet ist.

November, Sack, Du sollst verrecken!
Am besten mit dem Pack der Jecken,
die sich an deinem Elften wecken,
mit Humba, Ententanz und Prost –
vielleicht bringt ja Dezember Trost
und richtet euch mit starkem Frost.

Ich komm zum Schluss mit dem Gedicht:
November, bist ein Arschgesicht!

Die Gegendarstellung lesen Sie auf Seite 159

Vier Mal reimen wir noch was ...

Wenn Ostwind bläst, wenn Lippe reißt,
wenn Zahn in kalte Kippe beißt,
wenn Spatz aus Wehen Streugut pickt,
dann ist der erste Vers geglückt.

Wenn Polenlaster Mastgans bringt,
wenn's in den Fenstern puffrot blinkt,
wenn's in den Klingelbeuteln kracht,
dann ist der zweite Vers vollbracht.

Wenn Mutti Mandelplätzchen backt,
wenn Fiffi an den Schneemann kackt,
wenn Vatis Schlips nach Glühwein schmeckt,
dann ist auch Strophe drei perfekt.

Doch wenn der vierte Vers beginnt,
bekommt der Franz in Rom ein Kind
und kaum ertönt des Papas Schrei,
da ist der Scheiß auch schon vorbei.

Einmal im Leben*

Einmal ein Unternehmen leiten,
ach, das täte ich so was von gern,
einmal die ganz große Welle reiten,
nicht so'ne Klitsche – 'n Riesenkonzern.

Über den Wolken in Vorstandsetagen
einsam entscheiden, mit großem Geschick.
Verantwortung und gute Anzüge tragen,
leiten und leisten, die Täler im Blick.

Nicht klagen, sondern lustvoll entbehren,
ein Vorbild für viele, die unter mir sind.
Mich für das Große und Ganze verzehren,
einer für alle und einsam im Wind.

Einmal das Schicksal mit Händen anfassen,
zeigen, wie Gott seine Nerven behält.
Einmal zweitausend Menschen entlassen,
einmal bedauern, wie schwer mir das fällt.

Einmal sich ordinär abfinden lassen,
einmal ein Auftritt vorm Strafgericht.
Einmal sich platt mit dem Pöbel befassen,
dem Strafrichter sagen: Verpiss dich, du Wicht!

Ursprünglich geschrieben anl. ordinärer öffentlicher Auftritte zweier Vorstandschefs deutscher Großunternehmen (Deutsche Bank, Mannesmann). Die Herren wurden in der Erstfassung namentlich erwähnt. Auf Dauer zu viel der Ehre.

Wie schön

Wie schön, dass das damals nichts wurde mit uns,
wie gut, dass das damals nicht ging,
Du hattest zum Glück diese Null an der Hand
und kurze Zeit später den Ring.

Wie gut, dass er dir die Kinder machte,
wie schön, dass mir das nicht gelang,
meine wären zwar hübscher geworden,
doch das ist ja nicht von Belang.

Wie schön, dass ihr dann deinen großen Traum
von der Doppelhaushälfte geträumt habt,
wie gut, dass ich deine Tränen nicht sah,
als ihr die Hütte geräumt habt.

Wie schön, dass ihr dann von euch geschieden
wurdet, und nicht etwa ich von dir,
sonst lägst du wohl kaum so anspruchslos
hier im Bett neben mir.

Held Wirsing

Grün lag der Kopf auf dem Holze.
Kein Einschuss zu sehn und kein Blut.
Rot unterm Topf schon die Platte.
Erdgas entfachte die Glut.

Wirsing, mein Wintergemüse.
In dir steckten zwei Kugeln Schrot.
Man köpfte dich nicht auf dem Felde.
Dich schossen Jägersleut tot.

Zielten sie auf einen Hasen,
dem du mit dir Deckung gabst?
Rettetest du Lampes Leben,
indem du selber verstarbst?

Wirsing, du großer Beschützer,
fraßest zwei Kugeln aus Blei.
Nimm diesen Becher voll Sahne,
sei lecker, mein Held – und verzeih.

DER TRAINERHERBST
(Stand 10/03)

Die Wolken regenschwanger, schwer
und aschegrau wie all die Mienen.
Die erste Trainerbank schon leer,
noch lau vom Po des Ewald Lienen.

Der Wind schon Sturm, das Blatt schon Laub
und alle Tage nachtgleich dunkel.
Wie bald liegt schon der erste Staub
am Trainerplatz von Friedhelm Funkel?

Ein Netz am Pfosten festgezurrt,
ein Leder im Gestrüpp,
es fliegt kein Ball, nur Jaras Kurt,
gefolgt von Stevens Huub.

Und auch ihr andren werdet ziehn,
wies Vögelvolk verweht,
wie alles, was so golden schien,
im Herbste blass vergeht.

Platanen und Kastanien kahl
und erste Schneegestöber.
Nebel fällt ins Augenthal
und in Wolfsburg Röber.

Flieh doch Trainer, troll dich, geh,
bald lockt Winterschlaf
Reimanns Willi, Armin Veh,
Bremens Thomas Schaaf.

Rangnick, Gerets, Heynckes, Finke,
Neururer und ach,
kaum kriegt er in Gladbach Pinke,
geht auch Holger Fach.

Herbst, du treibst die Trainer weiter,
wie der Wind die Jammer,
bist der Feind der Übungsleiter,
selbst Matthias Sammer

wird nicht bleiben, sondern gehn,
und auch Felix Magath
kann dem Sturm nicht wiederstehn,
wenn er noch so baggert,

muss er selbst wie Hitzfeld weichen
dem Naturgesetz:
Trainer gehn, sogar die reichen,
wie der Ball ins Netz.

Die Konten klamm, Vereine platt
und alle Kassen leer.
Wer jetzt nicht bald 'n Trainer hat,
der kauft sich keinen mehr.

AUSSER HAUS

Gern fahr ich aus freien Stücken
fort von mir, und zwar geschwind.
Manchmal pfeift in meinem Rücken
leise etwas Heimatwind.

Auf der Reise kann ich lüften
und die Fenster runterdrehn,
leicht umweht von schweren Düften
derer, die im Vollstau stehn.

Doch die Gummiabriebschwaden
künden von Erlösung bald,
gleich entladen sich Blockaden
und verheißen Rast und Halt.

Sinnessatte Ruhestätte,
draußen brodelt der Verkehr,
in dir drin Fritteusenfette
und es odelt Sanifair.

Parfümiert, betankt und munter,
voll mit Super und Elan,
an der nächsten Ausfahrt runter,
von der Aromatenbahn.

Und mit welcher Eindrucksfülle
wechseln Landschaft und Gemüt,
wenn, wie jetzt, des Landmanns Gülle
mir durch meinen Zinken zieht.

Hab das Ziel noch nicht vor Augen,
als ich's schon im Munde schmeck.
So, als würd' ich lutschen, saugen,
an 'ner alten Schwarte Speck.

Ach, genau, hier war ich schon mal,
vor zwei Leben oder so,
oben dieser Mehrzweck-Festsaal,
Treppe runter dieses Klo.

Gern bin ich aus freien Stücken
außer Haus und außer mir.
Gleich hab ich den Wind im Rücken,
und der pfeift mich weg von hier.

Allein gegen die Mafia

Oben lag der Apennin,
unten legte ich mich hin.
Mittelmeer lag vor mir rum,
gelegentlich Basilikum-
Aroma mit der Brise flog
und mich ins Mittagsschläfchen zog.

Auf täuschend friedlich fiese Weise,
denn kurz darauf war Schluss mit leise
am lurigen Ligurienstrand.
Nur hundert Meter rechter Hand
ließ die Mafia Sand abtragen
für kriminelle Bauvorhaben,
wo Mitarbeiter Estrich streichen
über frisch erlegte Leichen,
um in starken Fundamenten
Cosa-Nostra-Konkurrenten,
in der Regel ohne Segen,
vertuschungshalber abzulegen.

Oben lag der Apennin,
unten stellte ich mich hin.
Jäh geweckt durch Dieselgrollen,
Halsschlagader schwer geschwollen,
schrie wie tausend Furien:
»Augen auf, Ligurien!

Stoppt die Mafia, stellt die Killer!
Beginnt mit diesem Caterpillar-
Fahrer dort am Strand!
Er baggert für die schwarze Hand!«

Der Rest war schließlich recht banal.
Die Menge nahm es als Fanal,
zog den armen Sack vom Bock,
betäubte ihn mit Schirm und Stock,
schleppte ihn behänd zur Buhne,
dort fand sich jemand mit Harpune.

Oben lag der Apennin,
unten legte ich mich hin.
Mittelmeer lag vor mir rum,
gelegentlich Basilikum-
Aroma mit der Brise flog
und mich ins Mittagsschläfchen zog.

Queen of Green

Claudia Roth, du grüne Hoffnung,
Powerfrau full voll Betroffnung,
Strom, der alle Schleusen bricht,
deine Tränen lügen nicht!
Du bist Hirn und Emotion,
Liebreiz, Duft und Emulsion,
weich und wild und warm und klug,
alles Lob ist nicht genug,
deiner doch gerecht zu werden,
Friedensfürstin, Salz der Erden.
Mother Nature, Queen of Green,
Engel der Afghanerin,
löstest sie vom Joch der Burka,
Halleluja, grüne Gurka!

Einfach

Geht es dir gut?
Sowohl als auch?
Mit andren Worten:
Kopf *und* Bauch?

Darf es noch mehr
von beidem sein?
Mit andren Worten:
Sein *und* Schwein?

Dann ist es gut.
Dann sei doch froh.
Mit andren Worten:
Einfach so.

Dem Schönen und Guten

Heute wollen wir Schönes bedichten,
sangwirmal Weiber, Wohlstand und Wein.
Heute wolln wir auf Ödes verzichten,
zum Beispiel: *Novellierung des Länderfinanzausgleichs.*

Deswegen heute nur Liebenswertes,
irgendwas, das die Mühe auch lohnt,
was schmetterlingsmäßig Unbeschwertes,
also auf keinen Fall: *Betreuungsgeld.*

Heute soll eine Hymne erklingen,
was nehm ich mal? Goldenen Spätsommerglanz?
Ich könnte auch was über Herbstrosen singen.
Aber doch nicht über *Ausländer-Maut.*

Lanzen für Lyrik will ich heut brechen,
mit Leidenschaft, Liebe, mit Lust und Genuss.
Mein Dichterdolch soll heute streicheln, nicht stechen.
Mit anderen Worten: Ein Thema wie *Anpassung der
Eckwerte des Einkommensteuertarifs an die Preissteige-
rungsrate* kommt natürlich auch nicht infrage.

Deswegen will ich nur Gutes bedichten,
wie eingangs erwähnt, etwa Weiber und Wein.
Will mich ausschließlich dem Schönen verpflichten,
äh – ich höre gerade, die Zeit wird knapp, die nachfol-
genden Werke drängeln bereits. Ich muss mich also
etwas ranhalten. Deswegen …

Poesie, heut will ich dich feiern,
mit allem, was dir zur Ehre gereicht.
Anmut, Leichtigkeit, Braut unter Schleiern,
irgendwas in der Art, aber *Reform der sozialen Sicherungssysteme* oder noch schlimmer: *Gemeindefinanzreform* – mal abgesehen davon, dass da jeder doch sofort
Pickel kriegt, wenn die Begriffe nur genannt werden –
wer will denn bitteschön über so was Gedichte lesen?
Sie vielleicht? Na also.

Ende mit der Reimvernichtung.
Ab der nächsten Seite: Dichtung.

Tiere suchen ein Zuhause

Manches Leck're, vieles Gute
kommt zum Feste aus dem Osten.
Auch die Hafermastgans Ute
ließ sich fern in Polen frosten.

Ute zog im Lastkraftwagen
via Leipzig weiter westlich,
wo schon hunderttausend lagen,
bunt verpackt und weihnachtsfestlich.

Muss nun steif in Eisesruhe
jenes Tiefkühlschicksal fristen,
Ute in der Tiefpreistruhe,
hoffend auf den guten Christen.

Jenen, der sein Herz für Tiere
öffnet wie sein Portemonnaie,
auf dass Ute nicht mehr friere
und alsbald die Lichter säh.

Dass die Umluft sie umschließe
und ihr Weihnachtsglocken läuten,
dass sich heißes Fett ergieße
aus den Weihnachtsgänsehäuten.

Viele mussten emigrieren
und verdienen nun Belohnung.
Lasst sie nicht in Truhen frieren,
bietet Ute eure Wohnung.

Weihnachtsfest, das heißt doch »Geben«,
gebt dem Braten einen Namen.
Ute ließ für euch ihr Leben –
Halleluja, Mahlzeit, Amen.

Der Mann steht im Ereignispissoir der Autobahnraststätte. Im Hintergrund rieselt Hintergrundmusik, und unten pieselt das Nötige aus ihm heraus. Auf Augenhöhe hat der Werbepartner der Ereignis-Pissoirerie für den Mann eine Literaturbeilage aufgehängt, vor der er die Augen nicht verschließen kann, weil sonst zu viel danebengeht. Er lässt und liest und plötzlich weckt die Werbung Bedürfnisse, von denen er vorher gar nichts ahnte.

Reiseliteratur auf Augenhöhe

Wie viel Liedern muss ich lauschen?
Wie viel Chören, wie viel Strophen?
Wie lang wird es unten rauschen?
Brauch ich einen Kachelofen?

Brauch ich einen Kachelofen?
Kachelofen? Kachelofen?
Kachelofen? Kachelofen?
Brauch ich einen Kachelofen?

Wär das Leben nicht so schwer,
wäre es wie Sanifair.
Leicht und seicht und voll mit Doofen,
jeder hätt 'nen Kachelofen.

Kachelofen, Kachelofen,
jeder hätt 'nen Kachelofen.
Kachelofen, Kachelofen,
hätt ich auch 'nen Kachelofen?

Lang noch ließ der Literat,
lesend in den Urimat.
Ließ und las und ließ und las,
bis der Endreim endlich saß:

So viel Wasser, das ich lasse,
so viel Seen, so viel Bäche,
bring den Bon noch nicht zur Kasse,
50 Cent dank Blasenschwäche.

Kachelofen, Kachelofen.
Ich spar auf 'nen Kachelofen.
Noch zehn Jahre lass ich's laufen,
dann kann ich mir einen kaufen.

MORGENAPPELL
22.04.07
08:00 GMT

Angetreten!

Alle Vögel sind schon da.

Durchzählen!

Amsel, Drossel, Fink und Hund.

Wirst du wohl! Hierher! Sitz! So ist brav.
Hier hat er ein Leckerchen.
Noch mal!

Amsel, Drossel, Fink und …

… *schmatz* …

???

Spatz ist in der Katz.

Weggetreten!

SMS AN ALLE

hab jetzt suppabillig flätträt
kann jetzt sprechen ganzen tach
hab auch völlig flätten breitschirm
fast zwei meter total flach

is echt günstig kann ich sprechen
und kann kucken total breit
is total und suppabillig
ganz egal um welche Zeit

is total egal was kuck ich
und wieso und was ich sach
is schön breit und alles weißt du
weil is alles total flach

EMMAS WETTER
In memoriam Lothar Emmerich

Ein grauer Regen ließ es Emmas Wetter werden,
die Leder wassersatt und alle Böden tief.
Die Stollen gruben sich in braune Rote Erden,
kein grüner Rasen war, wo seine Bahn verlief.

Die Ränge hofften noch, dass man den Ball ihm gebe,
dass es gelänge, wie so oft, dem Siegfried Held,
da fand sein Anspiel längs des Lothars linke Klebe,
ganz so, als hätte Emma es bei ihm bestellt.

Kein Menschenauge sah die Kirsche jemals fliegen,
ein feiner Strich nur war's und schon war es geschehn.
Die Keeper sah man auf den weißen Linien liegen

und Emma in der gelben Freudentraube stehn.
Des Lothars Grab in Dortmund-Marten liegt im Grünen,
die Rote Erde hinter anderen Tribünen.

Lothar »Emma« Emmerich schoss in 183 Spielen für Borussia Dortmund 115 Tore. Bei der Fußball-WM 1966 in England erzielte er im Viertelfinale gegen Spanien mit seiner legendären »linken Klebe« ein »Jahrhundert-Tor« aus unmöglichem Winkel. Der Sohn eines Bergmanns wurde im Dortmunder Vorort Dorstfeld geboren und im Nachbarort Marten beerdigt. Er wurde nur 61 Jahre alt.

Kampf dem Übergedicht!

Schwierig, mit Zeilen so hauszuhalten,
dass sich am Ende die Pärchen behalten,
dass sie sich kriegen und alles ist gutt,
so wie die Schlüsse in Hollywutt,
dass sie sich finden und dass sie nicht
die Leser mit maßlosem Übergedicht
rat
los
zu
rück
lassen
!

JA BITTE!

1. Zuletzt hab ich mich mehrfach gefreut:
   Über den Winter, er war nicht gestreut.

2. Diese Frau würd' ich gern in der Sauna treffen:
   Reiner Calmund, im Tanga von Britta Steffen.

3. Ein unverzichtbarer Gegenstand:
   Der Knopf zum Ausschalten in meiner Hand.

4. Was ich gar nicht oft genug essen kann:
   Lauwarmer Speck, der setzt nicht so an.

5. Mein größter Traum ist ungelogen:
   Ein durchgereimter Fragebogen.

6. Ein Idol? Tut mir leid, da habe ich keins,
   außer Bruce Willis in »Stirb langsam eins«.

7. Mein größter Erfolg, mein wichtigster Sieg:
   '97 mit Borussia die Champions-League.

8. Eine gute Droge, sehr zu empfehlen:
   Im Tiefschnee mit Freunden die Schwünge zählen.

9. Die beste Musik für Hirn, Herz und Hintern
   kommt aus Danny Dziuks Küche und heißt
   Überwintern.

NEIN DANKE!

1. Geärgert hat mich zuletzt (kommt oft vor):
   Ein durchaus vermeidbares Gegentor.

2. Nie mehr nackt möcht ich sehen, nicht ums Verrecken:
   An Jungpflanzen nagende nackichte Schnecken.

3. Das Essen, von dem mir übel wird?
   Wurde wahrscheinlich in Altöl frittiert.

4. Ein Mensch, dem ich wirklich nicht nacheifern mag?
   Na der, der in »Fargo« im Schredder stak.

4. Mein größter Albtraum: Glauben Sie's nicht?
   Mal reimt es sich und manchmal dann nur so lala.

6. Was ich an mir gern verändern tät?
   Dass mir nicht alles so astreim gerät.

7. Eine Droge, vor der ich nur warnen kann:
   Zu warmer Speck, der setzt tierisch an.

8. Musik, bei der sich das Weglaufen lohnt:
   Der Sicherheits-Rock von Silbermond.

11. Was ich nicht mag? Ist Nichtmögen Pflicht?
    Jetzt drüber reden – das mag ich nicht.

Der Berliner Tagesspiegel bat mich für seine »Fragebogen«-Rubrik »Ja bitte! Nein danke!« um 20 Antworten.

Mit mir bei mir

*Besser im Schatten
hängend ermatten*

PROMINENTEN-FRAGEBOGEN
HEUTE: FRITZ ECKENGA

Welche Gestalten in der Geschichte,
weiblich wie männlich, bewundern Sie?
*Wernse nicht kennen, die sind bei Lichte
betrachtet noch unbekannter als Sie.*

Und welche Gestalt verachten Sie dann?
Tja, daaa sprechen Sie natürlich was an.

Vorschlag: Wir stellen die Frage zurück
und sprechen jetzt erst mal über das Glück.

Was ist für Sie denn das größte Glück?
Ein Achtelchen hiervon und davon zwei Stück.

Wo möchten Sie leben?
In Halsbruch am Bein.
Das soll's gar nicht geben!
Da hab ich ja Schwein.

Was schätzen Sie denn am meisten bei Freunden?
Brandschatzen, huren, besaufen, verleumden.

Ihr Lieblingsheld in der Wirklichkeit?
Der kommt noch groß raus. Der braucht noch was Zeit.

Lieblingsbeschäftigung?
Nagen am Knochen.

Lieblingsvogel?
Bernhard – nee: Jochen!

Lieblingsmusiker?
Gewiss doch! Ja, ja!

Lieblingsmaler?
Gustav, mit h.

Und jetzt noch mal zur Verachtungsperson
in der Geschichte, jetzt sagen Sie schon.
Ach Gott, das sind viele, wo fängt man da an?
Warn alle bei Schalke, bestimmt hundert Mann.

GUTER TAG

Später Morgen und noch dämmrig,
Kopf in Daunen, mollig – weich.
Niemand holt mich aus der Mulde,
nein, ich komm nicht! Auch nicht gleich!

Später Mittag, lascher Blitz,
das Gewissen will ans Licht:
»Du musst! Du sollst! Du hast zu tun!«
Ich hab zu ruhn, mehr hab ich nicht!

Früher Abend und schon dämmrig,
langsam um die Achse drehn,
Augenblick bringt die Gewissheit:
Ich mag mich nur von innen sehn.

Später Abend, ganz zufrieden,
nicht geleistet, nicht gehandelt,
gleich ein Traum, der alles rundet,
guter Tag, der so versandelt.

OHREN AUF REISEN

Ich bin nicht mehr Herr meiner Hörorgane,
sie türmten, gingen mir voll von der Fahne.
Seitdem null akustischer Außenkontakt,
meine Lauscher haben die Koffer gepackt.

Immerhin hinterließen sie einen
Abschiedsbrief, einen relativ kleinen.
Drei flüchtige Zeilen auf Schmierpapier:
Es tut uns sehr weh, sicher mehr noch als Dir,
doch Dein Kopf war zu voll, wir nahmen Reißaus,
es kam uns zu viel aus uns selber raus.

Meine Ohren sind in der Emigration,
ich trauerte erst, doch jetzt glaub ich schon,
so wie es ist, ist es an und für sich
besser für sie und auch besser für mich.
Ich schrieb ihnen grad eine Zeile zurück:
Wenn ich leer bin, kommt wieder, bis dahin viel Glück!

First Class

Heute bin ich hinter Wänden
für das Außenreich nicht da.
Ich empfange kein Blabla,
Welt muss sich allein versenden.

Heute kann mich gar nichts kriegen,
keine Uhr und keine Zeit.
Einsam bleib ich lang und breit
zwischen weichen Kissen liegen.

Leise schlägt mein Herz Synkopen
unter diesem Federbett.
Lautlos schwebt mein easy jet
mit mir in die Misantropen.

Warum jetzt?

Mutter ahnte – nein – sie wusst' es,
eines Tages würd' es fliehn,
um-, in fremde Zimmer ziehn,
doch im Herz blieb's stets ihr Kleines.

Mutter bangte seit Empfängnis
dem Verhängnis still entgegen.
Wann würd' sich das Kind verlegen
in ein anderes Gefängnis?

Mutter musst' es heut erfahren,
was es heißt, den Schmerz zu tragen.
»Warum jetzt?!«, hört man sie klagen.
»Jetzt, nach zweiundfünfzig Jahren!«

Mutter weint ins Jugendzimmer.
Klaus zog heute aus, für immer.

WEIHNACHTSWEHKLAGE

Onkel Willis Finas-Wolke,
Tante Ernas Nylonfuß,
Opa Fritzens Juno-Jacke,
Muttis grobes Apfelmus.

Onkel Ottos Asbach-Atem,
Oma Tilles Tosca-Schal,
Tante Ellens Haarsprayaura,
Papas Stück vom Räucheraal.

Tante Lieses Mottenmantel,
Onkel Georgs Irish Moos,
Tante Paulas Flatulenzen,
Muttis Gans mit Pfanni-Kloß.

Weihnacht, ach du kannst mir nie
wieder diesen Duft entfalten.
Gott der Herr gab seinen Jungen,
doch er nahm mir meine Alten.

HAFTUNG

Kinderzeit, so schnell versunken,
das Gedächtnis, weggetrunken.
Bäume, Wiesen, klare Flüsse,
Frösche quälen, erste Küsse.

Mit Panini-Bildern kummeln
und im Fahrradkeller fummeln.
Pubertät, verblasst und grau,
wie sozialer Wohnungsbau.

Dann schon erster Selbstverkehr,
Jugend? Nee, die wurd' nix mehr.
Hätte sie sehr gern verlängert,
Fehlanzeige, weil geschwängert.

Undsoweiter, undsoleid …
so viel zur Vergangenheit.
Jetzt heißt's Zukunft zu verkraften,
also: Für die Kinder haften!

Protokoll der Jahreshauptversammlung meiner Ich-AG

Ich hatte gestern einen Termin,
in eigener Sache – mit mir,
so wichtig, dass ich sehr pünktlich erschien,
zu Hause, Schlag Viertel vor vier.

Anwesend war also meine Person
und außer mir kam auch noch ich,
zu verhandeln waren Gehälter und Lohn,
für Aufsichtsrat, Vorstand und mich.

Ergebnis nach flüchtigem Hin und Her,
ich Vorstand verzichte auf nichts.
Das Personal, wieder ich, fand das fair,
ganz ohne Verlust des Gesichts.

Das ist ja der Vorteil des Ich-Aktionärs,
wenn man was kürzt, kürzt man sich.
Und Zahlung im Rahmen des Ich-Transfers
heißt zahlen ans andere Ich.

Günstig ist noch darüber hinaus,
die Mehrheit der Anteile geht
niemals raus aus dem eigenen Haus,
ich halte die Majorität.

Ich suchte nicht Sinn, ich suchte das Glück,
die Zukunft heißt Konzentration.
Versammelte mich mit mir selbst Stück für Stück
und beschloss meine eigne Fusion.

Jedem sein Fall

In Dortmund, Duisburg, Essen
gilt eingeschränkte Beugungspflicht.
Fälle gibt's, die gibt's da nicht,
die darfst du dort vergessen.

Du musst Derdiedas nicht stressen.
Das Geschlechtswort hat's bequem.
Wenn du Fragen hast, frag wem.
Frag nicht umständlich nach wessen.

No Loreley, no cry

Ich weiß nicht, was soll es bedeuten,
dass ich so heiter bin.
Ein Pärchen aus hiesigen Breiten,
das kommt mir nicht aus dem Sinn.

Die Luft ist schwül und es dunkelt.
Man sitzt in erhitzter Natur.
Sie ist nicht zufrieden, es schunkelt
zu sehr ihr das Boot auf der Ruhr.

Die stöhnende Schöne schwitzet.
Es ist ihr recht sonderbar.
»Watt is jezz, ich denke du tritts et?
Jezz komm ma zu Potte und fahr

datt dämliche Tretboot da drüben
an' Steg!« Er kennt das Geschrei.
Es ist die sattsam bekannte,
gewöhnliche Melodei.

Der Schiffer im kleinen Schiffe
fügt sich zum Schein ins Geschick.
Dann formt er die Rechte zum Griffe
und schmeißt seine Schöne in' Schlick.

Ich glaube, nur so konnt's gelingen,
von Anfang an plante er nur,
die Laute zum Schweigen zu bringen
beim Tretbootfahrn auf der Ruhr.

Gottes langsamste Schöpfung: Westfalen

Als der HErr Westfalen machte,
setzte er sich hin und dachte:
»Heut mach ich mir keine Sorgen
und Westfalen mach ich morgen.«

Als der nächste Tag erwachte,
sprach der müde Schöpfer: »Sachte!
Immer langsam mit den Pferden
und nicht grundlos hektisch werden.

Das Projekt kann ich noch schieben,
mich derweil an Leichtem üben.
Heute bin ich faul, mach frei
und das Rheinland nebenbei.«

Doch auch dann, am nächsten Tage,
war der HErr nicht in der Lage,
sich so richtig durchzuringen
und Westfalen zu vollbringen.

So vergingen Tage, Wochen,
Monate, sogar Epochen,
fertig wurden Kontinente,
doch Westfalen? Null! Niente!

Immer wurd' was vorgezogen,
sogar Bayern – ungelogen!
Zügig füllten sich die Karten,
doch Westfalen musste warten.

Niemand kannte HErrgotts Gründe.
»Wann macht er denn endlich Bünde,
Münster, Castrop, Wanne-Eickel?
Langsam wird die Sache heikel,

langsam wird es echt zur Qual«,
grummelte das Personal,
Gottes Assis und Experten,
»nix ist fertig, nicht mal Herten!«

»Macht euch nicht ins Hemd, ihr Pfeifen«,
sprach der HErr, »ihr müsst begreifen:
Erst mach ich den Rest der Welt,
später mach ich Bielefeld

und – ihr werdet euch nicht wundern –
noch viel später mach ich Sundern.
Alles braucht halt seine Zeit,
ganz viel Zeit braucht Lüdenscheid.«

Kurz vor Toreschluss entstand
so dann noch das Sauerland
und als Zugabe – zum Trost –
Lippstadt, Paderborn und Soest.

Langsam und in aller Ruhe
kam der Schöpfer in die Schuhe,
brauchte für Westfalen länger,
hatte einen Schöpfungshänger.

So gab ER Westfalen Wesen,
so spricht ER an Tisch und Tresen,
aus Westfalen in die Welt,
langsam, dass sie es behält:

»Habt ihr keine andren Sorgen?
Kommsse heut nicht, kommsse morgen!«

*Anträge auf Aufnahme in die UNESCO-Liste
des Welterbes der Menschheit*
City-Tunnel Unna/Westfalen

Er reckt wie in Bremen der Roland
sich zehn Meter stolz in die Luft,
und genau wie der Würzburger Schlossbau
mufft er bei Tiefdruck nach Gruft.

Er ist so porös wie der Limes
des obergermanischen Roms
und genauso von Tauben beschissen
wie die Zinnen des Kölner Doms.

Er ist wie das Stadttor der Trierer
sehr schwärzlichen Kolorits,
drum nennt man ihn auch »Porta Nigra
des östlichen Ruhrgebiets«.

Für den Innenstadt-Händlerring Unna
ist er die Benchmark schlechthin:
»Ganztätig autofrei shoppen?
Dank City-Tunnel haut's hin!«

Sehr verehrte, geschätzte UNESCO,
der Antrag sei hiermit gestellt,
anerkenne die Stadtunterführung
von Unna als Erbe der Welt!

Unterstützt wird dieses Ersuchen
vom »Ausschuss Kultur, Frauen, Sport«
sowie den potenten Sponsoren
»Saturn«, »H&M«, »Aldi-Nord«.

Sonett 130 im Industrieraum

von
William Shakespeare, Stratford-upon-Avon
raus aus dem Englischen von
Dr. h. c. Fritz Pleitgen, Duisburch

*Bilinguale Aufführung
im Weltkulturerbe »Zeche Zollverein«, Essen
Foyer der Strukturwandelhalle*
mit
*Kenneth Brannagh
Royal Academy of Dramatic Art, London
Peter Lohmeyer
Veltins-Arena, Schalke*

My mistress' eyes are nothing like the sun.
Die Augen von meine Olle sind nich' so hell wie die Sonne ist.

Coral is far more red than her lips red.
'ne Koralle ist auch viel röter wie ihre Lippen sind.

If snow be white, why then her breasts are dun.
Wenn Schnee weiß ist, sind ihre ... äh ... Dinger ... aber höchstens so weiß wie Schnee, der schon ziemlich lange inner Gegend rumliegt. Also so, wie das aussieht, wenn die Stadtwerke schon gestreut haben.

If hairs be wires, black wires grow on her head.
Wenn Haare wie Draht sind, dann sind ihre aber wie Drahtseile, da kannze 'n Elefanten dran aufhängen ... und außerdem hat se Schuppen. Da kannze 'n Moped reinstellen.

I have seen roses damask'd, red and white, but no such roses see I in her cheeks.
Ich hab schon schöne weiße und rote Rosen gesehen. Doch nich' auf ihre Backen. Nich' von Natur aus jedenfalls.

And in some perfumes is there more delight than in the breath that from my mistress reeks.
Parfüm isses nicht, wo se außem Hals nach riecht.

I love to hear her speak, yet well I know that music hath a far more pleasing sound.
Ich hör' lieber Musik als wenn sie was sacht.

I grant I never saw a goddess go – my mistress, when she walks, treads on the ground.
Wenn sie geht, ist das nicht, wie wenn 'ne Göttin geht. Das geht auch gar nich' mit ihre Beine. Ich sach ja immer: Stempel gehörn inne Grube.

And yet, by heaven, I think my love as rare as any she belied with false compare.
Und deswegen: Bevor ich meine Olle mit was Falsches vergleich, vergleich ich sie lieber mit gar nix.

You're welcome, M'am!!!
*Königin Elisabeth II. von England
zu Besuch in Nordrhein-Westfalen*

Als alles noch traurig-novembrig erschien,
erschien uns wie Flutlicht die englische Queen.
Selbst Krähen sangen im nebligen Tann:
Her hair shines like gold in the cold morning sun.

Grau trug der Herbstwind sein Laub ungestüm,
Elsbeth, die Queen, trug ihr grünes Kostüm.
Kein Kürbis, kein Scream und kein Halloween,
no fear, just loveliness, charme, also Queen.

Güte und Anmut, Noblesse und Stil,
von alledem hast du much more als nur viel.
Elizabeth, gehe durch uns wie durch dein Land,
durch Lippe, Westfalen, durch Emscher- und Rheinland.

Koste die Speisen und hau tüchtig rein,
wir schlachteten Pferde und legten sie ein,
pickled in Essig, so sauer wie's geht,
for you, allerenglischste Majestät.

Spezialitäten für dich, liebe Elsbeth,
aus unseren Gauen: Ein Brötchen mit Kochmett.
Und Mettwurst mit Löwensenf für alle Fälle,
und für auf die Hand noch 'ne Fischfrikadelle.

Gebratene Blutwurst mit Graupen, my Dear,
spül's runter mit möglichst viel Flaschenbier.
Mach es wie wir, wie die Nordrhein-Westfalen,
nur keine Hemmung, du schlemmst und wir zahlen.

Die Reste packen wir, catch as catch can,
zum Warmhalten einfach in' Henkelman.
Nimm's mit nach Hause, Majesty, Ma'm
und iss mal was Gutes in Buckingham.

Polonaise, Pütt & Bütt

Wenn zwischen Gruga-Park und Messen
Menschen sich enthemmt vergessen
Alko-Poppen, Speedys fressen
In die Grünanlagen nässen
Wenn's vorne drückt und hinten zieht
Dann zieht ein Fest durchs Ruhrgebiet
Wenn irgendetwas gar nicht geht
Dann isses: Essen, Love-Parade.

Tätä

Wenn jungverstrahlte Komatisten
Fastnacht-Techno-Aktivisten
Die in Parkanlagen pissten
Als Jeckenvolk auf Jeckenkisten
Sich betäubt dem Jetzt entzieht
Dann zieht ein Fest durchs Ruhrgebiet
Wenn irgendetwas gar nicht geht
Dann isses: Essen, Love-Parade.

Tätä

Wenn hinterm LKW-Gerüste
Bloße Schwengel, nackte Brüste
Abgeschleckte, Nassgeküsste
Andres wecken als Gelüste
Dass man schreien möchte: Flieht!
Dann zieht ein Fest durchs Ruhrgebiet
Wenn irgendetwas gar nicht geht
Dann isses: Essen, Love-Parade.

Tätä

Essen wurd' ganz unbestritten
Kulturhauptstadt mit Herz und Fritten
Ist jetzt Stadt der Hip-Hop-Titten
Wen soll man um Gnade bitten?
Sieht denn keiner, was geschieht?
Es zieht ein Fest durchs Ruhrgebiet
Wenn irgendetwas gar nicht geht
Dann isses: Essen, Love-Parade.

Tätä

Und bald, so steht es schon geschrieben
Wird anderswo die Sau getrieben
Das nächste Dorf, dieselben Tierchen
Dortmund, Bochum, Gelsenkirchen
Helau, Alaaf, wems recht geschieht
Es zieht ein Fest durchs Ruhrgebiet
Das bald woran zugrunde geht?
An Pisse, Pest und Love-Parade.

Tätä Tätä Tätä

Der untote Nachbar (1)
Alle Gewerke

Was ist denn das da,
was da zwischen den Geschossen lebt?
Ist es der Sanitär,
der asselgleich am Fallrohr klebt?
Der mit den Gossenpfoten Muffen schrumpft
und Schlitze stemmt,
bevor er Frühstücksbrote isst
und sich den Schnäuzer kämmt?

Was ist denn das da,
was da meißelnd durch Fassaden bricht?
Ist es der Plus-und-minus-Wicht
auf seiner Terrorschicht?
Der wie das Nagetier den Käse
meine Wand durchlocht
und sich mit Kupferdraht
aus Reval-Zähnen Reste stocht?

Was ist denn das da,
was da lallend von der Leiter sinkt?
Ist es der Lackmann,
der wie Rhein bei Leverkusen stinkt?
Der unter Plastikplanen Nitro
in den Zinken snifft
und kurz vor Feierabend
gern auch in die Diele schifft?

Oh nein, dies Grauen haben nicht die bösen Drei
                                            vollbracht.
Es ist der Nachbar, der das alles ganz alleine macht.
Der wie der Terminator II ins letzte Feuer geht
und der am nächsten Morgen pünktlich wieder
                                            aufersteht.

DER UNTOTE NACHBAR (2)
VOM DACH

Bereits im ersten Grauen lieg ich wach
und hänge den Gedanken nach.

Das Auge unscharf noch, die Linse angemessen trüb,
im Kopf dagegen viel zu früh Betrieb.
Der Schopf noch nachtwarm,
aber klamm im feuchten Federkissen,
ich habe Schiss, denn Angst und Ahnung tagen schon,
sie spielen Quiz.
Sie woll'n was wissen.
Die Masterfrage lautet nicht *warum?*, sondern nur *wie?*
Wie wird er heute variieren,
von welcher Flanke wird der Flegel attackieren?

Im Raume Ruh, nur leises Weckerticken
und vor dem Fenster gähnt ein müder Meisenmann.
Doch dann kann ich das Rumgedenke knicken,
denn es geht los! Es ist so weit! Jetzt greift er an:
Der Nachbar!

Des Nachbars Daseinsauftrag ist erneut zu hören:
Stören!
Krach!
Diesmal von ganz oben.
Diesmal sitzt er auf dem Dach.

Ich raus und grollend von ganz unten: TACH!
Er antwortet nicht.
Sein Hammer fliegt ins frühe Gegenlicht.
Etwas zerbricht.

Dann Rieseln, Rutschen, Stauben
und unvollendet bleibt sein Schrei: NEIIIII …
… noch vor dem N zerschellt der Mann in Gauben.

Am Boden Ziegel – Reste roter Scherben.
Ach Nachbar, wie oft willst du denn noch sterben?

Geburtstagsgedicht für Ulrich

Unscharf wird im Hintergrund,
dem wo vorn posiert,
sowohl in den Schopf geraucht
als auch gratuliert.

Deutlich steht dem Vordermann
's Glück im Antlitz drin,
tränenfeucht das Angesicht
vom Stirnplatt bis zum Kinn.

Fotogene Schüttelrührung
beider sich bemannt,
vorne zittert Lippenfleisch,
hinten Stuyvesant.

Hat man je ein Bild gesehn
mit zwei Mann drauf, die
der Moment der Freude eint?
Soviel ich weiß, nie!

Ode an die Antarktisblume*

Oh Blume der Antarktis
Oh Iglu-Orchidee
Kristallener Polarsis
Parfüm des ewgen Schnee
Du sollst auf immer schmücken
Des Pinguins Exil
Verschont von bösen Tücken
Besonders: Eis am Stiel

*Das Gedicht entstand anlässlich eines Geburtstages meines Freundes Klaus Bittermann, dem Eigentümer des Berliner Verlagsimperiums »Edition Tiamat«. K. B. ist warmherziger BVB-Anhänger, aber auch kühl kalkulierender Tycoon. Er war cool genug, mehrere Bücher von mir zu veröffentlichen. »Antarktisblumen« ist ein Anagramm seines gefälligst in Ehren zu haltenden Namens.

Poet & Athlet
Für Horst Tomayer

Es wird über seinen Hingang berichtet,
doch ein Tomayer geht nicht, er fliegt mit dem Rad.
Noch gestern wurd' er als Schemen gesichtet
und drei Mal geblitzt vom Radarautomat.

Kolportiert wird, er habe die Laufbahn beendet,
ein Un-, ach ein Schwachsinn, er regeneriert.
Hotte hat grad noch ein Feuchtfax gesendet:
»Im günstigsten Fall wird Neujahr inkarniert!«

Also haltet die Goschen und Lorbeer parat,
aber bittschön vergoldet, vierundzwanzig Karat.
Soon as possible, folks, the eternal flame burns:
His Highness The Grandmaster Endreim Returns.

Bis zum Restart, Verzweifelte, seid ihr verpflichtet,
alles zu lesen, was ER jemals gedichtet!

* 1. November 1938 in Asch;
† 13. Dezember 2013 in Hamburg

ES KANN NUR EINEN GEBEN
Für Fritz Weigle

*Wie F.W. Bernstein in den vier wichtigsten Disziplinen
auch die Besten seines Geburtsjahrganges 1938 locker in den
Schatten stellte. Eine anekdotische Bestandsaufnahme.*

*I. Populärer Gesang/Chanson/Schlager
Adriano Celentano (*06. Januar 1938)*

Bernstein sang aus Daffke sui prati,
in Mailand, achtundsechzig, Mitte Mai,
Celentano floh im Maserati,
er wusste, seine Zukunft war vorbei.

*II. Ballett
Rudolf Nurejew (*17. März 1938)*

Nurejew zog prompt die Konsequenzen,
in London sah er Bernstein im Tütü.
Rudi zu Fonteyn, »das war's mit dancen,
Margot, he's the man, take him, salü.

III. Charakterdarstellung
Götz George (*23. Juli 1938)

Einmal brüllte Bernstein: »Bock auf Schmiere!«
Hat »scheißwasdrauf« beim Tatort schlimm chargiert.
Götz Schimanski kriegte die Papiere
und ist bis heute nachhaltig frustriert.

IV. Fußball
Otto Rehhagel (*09. August 1938)

König Otto musste früh begreifen:
»Einen gibt's, der weiß noch mehr vom Spiel.«
Kaiser Fritz geht seitdem in drei Streifen,
Otto ging ins griechische Exil.

Mein Land

Das ist ein freies Land,
jedenfalls so weit ich sehe.
Ich seh zwar weder Horizont noch Strand,
doch bis zum Rand der Wiese immerhin
ist es mein Land.

Mein Land, wo jeder der
bedürfnis- oder triebbedingt,
und sei es nur für freien Flugverkehr,
sich hin und her bewegen will, erfährt:
»Ja, bitte sehr.«

Es ist mein freies Land,
umkränzt von Heckenstrauch und Baum.
Es endet westlich an der Häuserwand
und zwanzig Meter östlich ist schon Schluss
mit meinem Land.

Land of the lucky free,
die Garantie ist kostenlos:
Wenn hier was herrscht, dann nur die Anarchie.
Ich gebe, wie es sich gehört, dem Gast
Kost und Logis.

Schnäbeln, Schmecken, Schminken,
ob Meise oder schöne Frau,
jeder ein Geschenk zum Sichbetrinken.
Holunderbeerenblau, Magnolienrot
zum Drinversinken

Das ist mein freies Land,
ein Garten ohne allzu viel.
Ich gebe denen meine Hand,
die kommen, um zu tun, was ihnen nützt.
Frei und beschützt.

Wøhnst du nøch?

Lass die schlechte TAJT verrinnen.
Lass uns gute DINGE tun.
Lass das alte AGGER ruhn.
Lass uns noch mal neu beginnen.

Lass BJÖRKEN und SKÄMT zerschlagen.
Das Zerschlagene war Zorn.
Das, was werden wird, wird vorn.
Lass uns eine Zukunft wagen.

Lass den Schwedenschrott in Schonen.
Lass den Elch vorübergehn.
Lasse LEKSVIK, STENSKÄR stehn.
Lass uns leben und nicht wøhnen.

Deutsche Gärtner!

's ist Frühling, Deutsche, und zwar nur zwei Tage,
nutzet die Zeit und werdet zur Plage,
holt raus das Gerät und quält eure Gärten,
vermeidet weder Geräusche noch Härten.

Entkeimet mit Hochdruck die Wege und Platten,
schont niemanden, euch nicht und nicht die Rabatten,
macht keine Gefangnen, macht sauber, macht rein,
schreddert den Astbruch des Herbstes kurzklein.

Heraus aus dem Dunkel des Winters, ihr Massen,
rasiert eure Schollen und schrubbt die Terrassen,
missachtet den schlafenden Nachbarn, den Lump,
schafft Ordnung und ordnet das Grüne zu Klump.

Kommt aus der Tiefe des Raumes ins Freie,
schert euch nicht um des Geflügels Geschreie,
lasst kreisen die Sägen, rotieren die Messer,
enthauptet den Maulwurf, den unnützen Fresser.

Heraus, deutsche Gärtner, die Mäher betanken,
weist euren riemigen Rasen in Schranken,
zeigt ihm, wer Chef ist im eckigen Grün,
entwurzelt den Löwenzahn vorm ersten Blühn.

Euch, deutschen Gärtnern, sei Ruhm und sei Ehre,
nehmt ab die Parade der Konifere.
Geschultert den Spaten, im Stechschritt marschieren,
vor euch soll die Zwergenarmee salutieren.

's ist zwei Tage Frühling, 's ist zwei Tage Krieg,
euch, Deutschen Gärtnern, sei Glück, Glanz und Sieg!

Dem Gartenzwerg
Ein Akrostichon-Sonett zugunsten des oft Geschmähten

Du hast den Spott der lauten Schwätzer stumm ertragen,
Es schweigt der Große, wenn der Kleingeist randaliert,
Manch Fiffi hat sein Pipi an dir abgeschlagen,
Gelassen hast du Uriniertes ignoriert.

Am Rand der Furche schiebst du zipfelmützend Wache,
Radieschen reifen rund im Schutze deiner Hut,
Tust Gurken gut und hältst den Gurkenfeind im Schache,
Es achtet Milb wie Nematode deinen Mut.

Nie musste je ein Schrebergärtner dich erwecken,
Zu frühster Stunde stehst du stets zu Diensten an.
Wie deutsche Eiche fällst du nicht, nicht ums Verrecken,

Ein Held aus Ton gebrannt, Gigant made in Taiwan.
Ruhm dir, der wie das Unkraut nie vergeht,
Gartenzwerg, du bist so gut im Beet!

WENN DER ALTE HAUTARZT ERZÄHLT

Ob mit tüchtigen Verwandten,
ob mit flüchtigen Bekannten,
früher wurde unbedacht
wesentlich mehr rumgemacht.

Früher wurde mehr rotiert,
sich entsprechend infiziert.
Also hatte Mensch viel Weh,
sie an Muh und er an Mäh.

Früher hatt' ich ganz normal,
deshalb Kundschaft sonderzahl
mit, na ja, wie sag ich's mal?

Mit Symptom am Genital.
Alte Bilder, die vergilben,
heute treibt's der Mensch mit Milben.
Neue Zeiten, neue Riten,

Patienten wechseln Parasiten
wie ich meine Diagnosen.
Anstatt »Krankheit der Franzosen«,
sag ich heute »Borreliosen«.

Nur manchmal packt mich irgendwie
die Dermato-Melancholie.
Dann sing ich heimlich leise,
die traurig-schöne Weise:

Die gute alte Syphilis,
bekommst du nicht vom Zeckenbiss ♩ ♪ ♩ ♪

Der Kassenpatient und sein Orthopäde schliessen einen für beide Parteien befriedigenden Gesundheitskompromiss

Guten Tag, Herr Doktor.
Guten Tag, Patient.
Der Schmerz im Bein kommt oft vor.
Vor allem, wenn es rennt.
Was tut es denn beim Stehen?
Beim Stehen schwillt es an.
Und wenn Sie einfach gehen?
Dann geht es nicht voran.
Was macht es, wenn Sie liegen?
Es schläft umgehend ein.
Dann bleibt wohl nur noch fliegen.
Ach was, das kann mein Bein?
Es kommt auf den Versuch an. Am besten gleich von hier.
Oh Gott, das sind 10 Meter, wir sind in Stockwerk vier.
Nur Mut, es wird schon werden.
Die Angst ist riesengroß.
Sie haben doch Beschwerden.
Bin ich die nachher los?
Wer soll das garantieren?
Na Sie, Sie sind doch klug!
Und wie! Wir amputieren.
Jetzt reicht's, ich hab genug!
*Zwei Stück! Das eine geht noch,
das andere kann ab.*
Von wegen, es bleibt bei mir.
Und ist es noch so schlapp!
Sie woll'n es noch verwenden?

So viel ist gewiss.
Und was ist mit den Händen?
Das wär ein Kompromiss.
Die Rechte oder Linke?
Das ist mir schnurzegal.
Die Rechte bringt mehr Pinke.
Dann sagen Sie 'ne Zahl.
Ich sage hundertachtzig.
Da sage ich nicht Nein.
Geritzt. Die Sache hat sich.
Gebongt. Ich schlage ein.
Prima, dann bis morgen.
Und Vorsicht mit dem Bein.

AP NÖ

kein Pulsschlag pocht
kein Rachen sägt
kein Gaumen, der das Segel schlägt
kein Alb, bestückt mit BVB
kein Harndrang drückt mich aufs WC
noch etwas Schlaf?
ich sag nicht nö
adjö, du blöde Schlafapnö

ARD, Sonntag, 20:48 Uhr

Keller – Fliesen – Neonlicht.
Weißer Kittel – Graugesicht.
Kalter Körper – blanker Stahl.
Großer Onkel – Zettel – Zahl.

Rosa Sirup – Wasserhahn.
Blutlaufrinne – Chromagan.
Blanker Brustkorb – Ypsilon.
Nadel – Faden – Telefon.

Saxofon spielt da-da-da.
Pathologe: Ja? Wer da?
Kommissar: Der Kommissar.
Pathologe: Hm, is' klar.

Saxofon spielt da-da-da.
Kommissar fragt: Sangsema,
was sind das denn da für Töne?
Pathologe: Saxoföne.

Kommissar: Gibt es Befunde?
Essensreste in der Wunde?
Spermaspuren? Rattenkot?
Wie lang ist die Leiche tot?

Saxofon spielt da-da-da.
Pathologe: Pff, na ja.
Zuckt die Schulter, kratzt die Wange
und sagt schließlich: Noch sehr lange.

Mit mir an Tisch und Tresen

*Draußen hängt die Welt in Fetzen,
lass uns drinnen Speck ansetzen*

Etwas in mir!

Etwas in mir is größer als ich,
isses das Es, das Du oder nich?
Isses sogar 'n höheres Wesen,
das mich als Wohnort hat auserlesen,
'n Gott oder irgendwas in dieser Art?
Jedenfalls mag es Kartoffelsalat.
Kartoffelsalat mit dick Mayoneise,
Bockwurst mit Senf und Etwas ist leise.
Is klar, was in mir so groß is und wacht:
Nich Es isses, Gott nich, nich Du, sondern
Schmacht.

Schöne der Nacht

Apfel der Erde
in meiner Faust,
Apfel der Erde,
ich weiß wohl, dir graust
vor deinem Ende am Tellerrand,
als billig verachteter Beilagentand.

Trüffel der Armen,
hab keine Angst,
ich habe Erbarmen,
ich ahne, du bangst,
dass dir das Schicksal der Deinen droht,
die man verschmäht wie schimmliges Brot.

Schöne der Nacht,
goldnes Gedicht,
ich geb auf dich acht,
so fürchte dich nicht
vorm Tode im salzigen Sprudelgrab,
vor Presse, vor Stampfer, vor Zauberstab.

Prinzessin der Scholle,
ich mach es dir nett,
Königin Knolle,
ich bau dir ein Bett
aus jungem Gemüse in würzigem Fond,
mit guter Sicht auf das Filet mignon.

Mehlige Zarte,
schlafe nun ein,
ich wache und warte
bei einem Gas Wein,
gare in Frieden und himmlischer Ruh,
nur bitte: Mach endlich die Augen zu!

Die gute Tarte

Wer klopft an meine Magenpforte?
Wer will jetzt noch rein zu mir?
Noch ein Stückchen Apfeltorte?
Pfoch, das wär schon Nummer vier.

Komm, tritt ein, du süßer Spatz,
auch für dich gibt's einen Platz.
Sollst nicht einsam und allein
ver- und ungegessen sein.

Wer immer nur drei Teilchen aß,
weiß nichts vom Wohl des Übermaß.
Wer nie das vierte zu sich bat
und immer nur mit Mitleid spart,

ward nie erfüllt vom Glück der Tarte
Tatin, der Wiederholungs-Tarte.

BITTE, SCHNITTE!

Schnitte, ich schnitt dich vom Laibe,
im zartesten Frühmorgenrot,
Scheibe, ich bitte dich, bleibe
bei mir, bis zum Spätabendbrot.

Schnitte, bleib bitte geduldig,
frag nicht nach zu frühem Verzehr,
vertrau mir, ich bleibe nichts schuldig,
ich mag dich sehr spät umso mehr.

Schnitte, saug bitte das Streichfett,
mit dem ich dich strich, in dich ein,
verschmelze mit ihm und dem Kochmett,
verbündet euch, werdet Verein.

Schnitte, ich schnitt dich doch mittig
und klappte dich streng kongruent,
dass du, und darum nur bitt ich,
was abschwitzt ins Pergament.

Schnitte, gib bitte den Saugsaft
so nach und nach ab ins Papier.
Verliere Aroma und Frischkraft,
vertrockne im Jetzt und im Hier.

Schnitte, sei mir bitte Nahrung,
im schummrigen Spätabendbrot,
sei Lohn meiner Tagesentsagung,
sei des Hungrigen Hasenbrot.

Im Dienste der Schönheit

Zwei am Rande, ruhig schlafend:
Alter, matter Maschendraht
teilt sich seinen Feierabend
mit dem guten Freund Plakat.

Seit Epochen stehn die beiden
wie vom Zufall hingestellt,
so genügsam, so bescheiden,
hier am Ende aller Welt.

Niemand, der den Dienst je dankte,
dem die zwei sich opfern still,
niemand, der ihn je verlangte,
keiner, der verstehen will,

dass der Sinn so mancher Landschaft
einfach nur das Dasein ist,
man die Schönheit einer Botschaft
nicht nach Sinn und Zweck bemisst.

HOFFNUNG, WEITER LINKS

Aller Spargel abgestochen
von Saisonarbeiters Hand,
Legionäre längst, vor Wochen,
transferiert ins Heimatland.

Alle Landschaft ausgeblutet,
menschenleere Wüstenei,
nur noch Asphalt, Teer, geflutet,
nur noch Nichts, das sagt: Vorbei.

Einzig du, du gelber Schimmer,
der du durch das Dunkel drings,
tröstest uns: Es lohnt sich immer!
Geht nur weiter, weiter links!

Glaube! Hoffnung! Ja, wir gehen!
Weil du es so treu gelobst!
Wo wir weiter links dann sehen:
Doch, da gibt's noch etwas Obst.

Erste Herbsthilfe à la bourguignonne*

Wenn es novembert im Gemüt,
wenn gar nichts funkelt, glimmt und glüht,
wenn dir kein heller Ton gelingt,
wenn kaum noch Weiß ins Graue dringt,

dann schreib nicht noch ein Herbstgedicht.
Du weißt es doch, die leuchten nicht.
Die alten stapeln sich wie Laub
und fangen schon seit Jahren Staub.

Mach besser Feuer auf dem Herd,
dass Wärme in den Bräter fährt.
Hol zügig etwas Gutes ein,
besorge Wein und Rinderbein.

Bei angenehmen hundert Grad,
im speckigen Burgunderbad,
darf es sich rekeln mit Schalott
in stundenlangem Schmurgelpott.

Wenn es novembert im Gemüt,
wenn nichts mehr funkelt, glimmt und glüht,
dann hilft kein Gott und kein Gedicht,
dann hilft dir nur ein Schmorgericht.

*und ist es à la bourguignonne,
vergiss bloß nicht den Champignon!*

Still ruhe der Koma-See

All die totgekochten Fische,
unter Soßensenf versteckt,
sollen nie mehr auf die Tische,
sei'n in Ewigkeit verreckt.

Schlafen müssen die Gerüche,
ruhen die Erinnerung
an die Kindertageküche,
in der Altersdämmerung.

Windelschiss von Matschbananen,
Apfel- und Kartoffelbrei,
wecke nicht die bösen Ahnen,
lass die Monster nie mehr frei.

Tief im Dunkel meiner Rübe
dümpelt still der Koma-See,
ganz weit unten gründeln trübe
Lebertran und Fencheltee.

Die traurige Ballade vom bunten Osterei

Ob Käfig- oder Freilandhuhn,
in Massen- oder Einzelhaft,
ein jedes Vieh muss schuften nun
als österliche Arbeitskraft.

Muss der Feiertage wegen
hinten quetschen, vorne fressen,
quälend sich auf den Gelegen
Bürzel blau und blutig pressen.

Hört ihr das Geschrei der Hennen,
wenn ihr eure Eier kocht?
Wisst ihr, wie die Viecher flennen,
wenn eins um eins wird ausgelocht

von den armen Kreaturen,
die für eure schlimmen Riten
wider alle Huhn-Naturen
euch ihr Hinterteil vermieten,

Sklaven gleich und kunstbelichtet
in der Hölle Hühnerstall,
Dott um Dotter kalkbeschichtet
produzieren Knall auf Fall?

Nur, damit die Christenheit
Ostern sich beeiern kann.
Verzicht? Jawohl! Doch nur auf Mitleid.
Eier will hier jedermann.

Und wenn Kindermünder fragen:
Warum sind die Dinger bunt?
Hört man Eltern niemals sagen:
Ach, mein Kind, das Huhn war wund.

Vor dem Auferstehungsfeste
dürfen Hühner niemals ruhn.
Schlafen tun die müden Reste
sonntags dann als Suppenhuhn.

Weihnachtsgans
Akrostichon-Sonett zum Zwecke der
schnellen Seligsprechung des Kochs

Weil sie mich beglückte wie noch keine
Es vermochte in so zarter Art,
Ist's beim Anblick ihrer Restgebeine
Hoch zu loben den, der sie gegart,

Noble Pflicht des mehr als Überfüllten,
Also dessen, der hier sitzt als Gast,
Christfestüblich später auch Beknüllten,
Hackendichten Günstlings dieser Mast:

Tausendfach gepriesen sei dein Name,
Schöpfer jener butterweichen Gans.
Glocken sollen läuten dir Reklame.

Andachtsvoll im fettig goldnen Glanz
Neige ich mein Haupt vor ihren Knochen.
Selig seist du subito gesprochen.

Montag, der ERste

Was aß denn der HErr damals montags?
Es war doch der ERste Tag.
Montags gibt's Reste von gestern!
Ja wie denn, wenn's Gestern nicht gab?

Schob denn der HErr montags Kohldampf?
Zumindest am ERsten der Zeit?
Sonntags blieb doch nichts übrig,
der war ja, ich nehm's auf den Eid,

vom HErrn noch gar nicht erfunden,
der kam doch erst später dran.
Es ist also mithin nur logisch,
dass der kreativ schuftende Mann

nicht, wie dann anschließend Sitte,
Reste von gestern verspies,
sondern sich, Hunger gehorchend,
ein Frischgericht einfallen ließ.

Am ERsten Tag sagte Gott:
»Ich sag mal wie üblich, es werde,
aus Apfel, Blutwurst, Kartoffel,
ein Teller voll Himmel und ERde!«

Dienstag den Deutschen

Am zweiten Tag gab sich der Schöpfer
in aller Herrgottsfrühe,
überlieferungshalber um vier Uhr drei,
erhebliche Schöpfungsmühe.
Schuf innerhalb fünfzehn Minuten,
der späteren Menschheit zum Wohl,
diverse gehaltvolle Lebensmittel,
unter anderm den Wirsingkohl.
Es folgten in rascher Schöpfungsfolge
Sellerie, Steckrübe, Lauch,
Möhre, Grata-Kartoffel sowie
als Einlage Schweinebauch.
Der Schöpfer trug die Bescherung zu Topfe,
heizte ihr ordentlich ein,
kochte bis mittags die Schöpfung zu Matsche
und ließ es dann gottseidank sein.
Betrachtete konsterniert das Ergebnis,
erklärte den Eintopf zum Fehlschlag,
entschied: »Das essen in Zukunft die Deutschen!«
und widmete ihnen den Dienstag.

Mittwochs Markt

Der Mittwoch ging in Geschichten ein,
die nicht besonders erwähnenswert sind,
handelnd von Wochenteilung und so,
von halb übern Berg, von Mutter und Kind.

»Wieso«, wern Sie fragen, »von Mutter und Kind,
ergibt das denn einen Sinn?«
Ach was, dummes Zeug, woher denn, nö nö,
ich schrieb das nur reimhalber hin.

Ich hätte auch irgendwas andres geschrieben,
mir fiel grad nix Besseres ein,
ich dachte beim Denken an Mittwoch nur flüchtig,
was Dolles müsst es nicht sein.

Hätt ich geahnt, dass Sie zum Mittwoch
was Spektakuläres verlangen,
hätt ich nicht so aus der Hüfte gedichtet
und wär noch mal in mich gegangen.

Na gut, den Freunden des Mittwochs geschuldet,
ein Satz der was Wichtiges sagt:
Bei mir in der Nähe, hier gleich um die Ecke,
ist mittwochs der Wochenmarkt.

DonnerstAch

Halt die Klappe, Thor der Woche,
Germanengottes Ehrentag.
Lass dein Großmaul mal geschlossen
und hör zu, was ich dir sag:

Als der Weltenmacher Mittwoch
fertig hatte, dachte er:
»Freitag geh ich in die Vollen,
schlemme und besauf mich schwer.

Morgen aber, zwischendurch,
tu ich nur, als␣tät ich was,
Dienst nach Vorschrift, Larifari,
Nasebohren, dies und das.

Donnerstach, ach den erled' ich
aus der Hüfte, nebenbei.
Schon mich schon fürs Wochenende,
trinke Wasser, esse Brei.«

Also sprach der Herr der Welten:
»Donnerstachs macht' ich nur Mätzchen.«
Schrieb ins Schöpfungstagsregister:
»Fader Pamp und Schlabberlätzchen.«

Freitags Fisch

Weil angeblich freitags Herr Jesus
sein irdisches Dasein beschloss,
zogs freitags noch ziemlich viel später
fischig durch jedes Geschoss.

Ansonsten war Mutter nicht frömmlich,
und wenn das Kind fragte: Warum
krieg ich am Freitag kein Kotelett?,
bellte sie: Frag nicht so dumm!

Also stanks freitags nach Kochfisch,
wies kochfischiger nicht stinken kann,
Herrn Jesus zu Ehren, doch ohne
Begründungszusammenhang.

So saß das arglose Söhnchen
kabeljaukauend am Tisch,
grübelte grätenspuckend
über Senfsoße, Jesus und Fisch.

Es schwirrte dem Kinde das Köpfchen:
Wieso und warum der Geruch?
Ist dieser Pesthauch des Todes
wohl Mahnung, Folter und Fluch?

ER hat für euch sich gegeben,
jetzt gebt ihr gefälligst zurück!
Und schon bracht die kochende Mutter
ein weiteres labbriges Stück.

Ach Mutter, ach Mutter, warum nur
immerzu freitags die Fron?
Was hat denn der stinkende Kochfisch
zu tuen mit Gottes Sohn?

Die Mutter enthielt sich der Stimme
und schaute nur drohend herab.
Ihr Blick sagte: Aufessen, Bürschchen,
sonst holst du dir gleich eine ab!

Das Kind schluckte deeskalierend
Freitag um Freitag den Fisch,
achtzehneinhalb lange Jahre
und erhob sich als Jüngling vom Tisch.

Spuckte der Mutter ins Antlitz:
Sieh zu, wer deinen Scheiß frisst!
Entsagte dem christlichen Glauben
und wurde dann Top-Terrorist.

Mütter, sofern Ihr dies leset,
nehmt es als Schuss vor den Bug.
Variiert Eure Speisepläne,
zieht Eure Lehren, seid klug.

Kocht nicht am Freitag nur Fische,
seid nicht so fahrlässig dumm!
Und tut Ihr es Jesus zu Ehren,
erklärt Euren Kindern, warum!

Kindergebet zum Samstag

Lieber Gott, mach mich fromm,
dass ich in den Himmel komm.
Segne, was Du mir bescheret hast,
und sage der Oma, dass es mir nicht passt,
wenn sie am Sonnabend bohnert.

Außerdem kocht sie mir Linsen,
tut Mettwurst mit Stippen hinein,
die Stippen sind dick wie mein Däumchen,
mein Däumchen ist gar nicht so klein.

Immer krieg ich am Samstag
von Linsen mit Mettwurst die Wut,
weil Großmutter vorher noch bohnert
und Bohnenwachs auftragen tut.

Linsen und Mettwurst und Bohnen,
das ist doch kein gutes Gericht,
krieg ich das noch mal zu essen,
spei ich es ihr ins Gesicht.

Ich bin klein, mein Herz ist rein,
soll keiner drin bohnern als wie Du allein.

Der Teufel hat das Fix gemacht
(und zwar sonntags)

Am Sonntag ruhte Gott wie bekannt
und rührte nicht eine einzige Hand,
lag in den Federn, länger als lang,
bis ihn der Harndrang zum Aufstehen zwang.

Nach der Erleichterung gab er direkt
Order: Zum Deibel, wer mich heut weckt!
Schlüpfte retour in die himmlische Falle,
gähnte und grummelte: »Gott, bin ich alle.«

Ließ sich selber 'nen guten Mann sein,
sackte sofort wieder weg wie ein Stein,
niemand und nichts, was sein Durchratzen störte,
bis er von ferne was scheppern hörte.

Gott erwachte aus traumlosem Tran,
was krachte da, dachte er, was liegt da an?
Wer verlärmt mir die Schöpfungslegende?
Wer versaut mir das Wochenende?

Zürnte: »Euch werd ich es geben, Strategen!«
Stieg in die Puschen, dem Poltern entgegen,
witterte jetzt auch extreme Gerüche
und ortete Krach wie Gestank in der Küche.

»Wer saut da herum und stinkt wie die Pest,
wer gibt mir am siebten Tage den Rest?«
»Na rat mal«, grunzt' es zurück, »wer's wohl ist,
ich bin's, der elende Antichrist.«

Und tatsächlich stand diese räudige Ratte
von Finsternisfürst an der Arbeitsplatte,
seelenruhig den Schneebesen schwingend
und sein teuflisches Liedchen singend:

»Am Sonntag ruhte Gott wie bekannt,
statt seiner rührte ich meine Hand,
schlüpfte in Schöpfers Küchenkittel
und schuf ein höllisches Lebensmittel.

Ins Fegefeuer gespuckt, dass es zischt,
dann etwas Hornspan mit Galle vermischt,
das Ganze drei Stunden offen gegart,
zuletzt versetzt mit viel Glutamat.

Runter vom Feuer und aushärten lassen,
Tritt um Tritt mit dem Klumpfuß verpassen,
den stinkenden Staub in Tüten verfüllen
und damit die Küchen der Welt vergüllen.

Herrgottsakra und Kruzifix,
der Teufel schuf sonntags das Maggi-Fix.
Köche der Welt, bedankt euch beim Schinder
für den künstlichen Soßenbinder.«

Gott war ganz schlapp und unmotiviert,
nahm es als Schicksal und ging konsterniert
wieder zurück in die kuschligen Kissen,
er hatte den Job ja eh schon geschmissen.

Ob es dereinst mal Genugtuung gibt?
Ob die Gerechtigkeit später noch siegt?
Lässt der HErr des Geschmacks noch mal grüßen?
Müssen Benutzer von Soßenfix büßen?

Die Hoffnung stirbt ja bekanntlich zuletzt.
Gott mit euch Frommen, die ihr drauf setzt.
Gibt es ein jüngstes Soßengericht?
(Ich persönlich glaub's eher nicht.)

Der Christ isst

Zur Weihnacht brat ich Gans.
Ostern brat ich Lamm.
Zu Pfingsten wiegt mein Braten
mal grad zweihundert Gramm.
Pfingsten brat ich lediglich,
denn das befiehlt mein Glaube,
Taube.

Die Wandlung

Ich saß am Dortmund-Ems-Kanal
und sah, wie Mensch in großer Zahl,
Moment, ich saß gar nicht, ich stand,
und wo noch mal? Ach ja, an Land.

Ich stand an Land und sah mir an,
was Gott, der Schöpfer alles kann.
Ich sah wie Mensch als Wurst entsteht,
als außen Brand und innen Brät.

Ich sah am Dortmund-Ems-Kanal,
wie früher schon beim Abendmahl,
die Wandlung – und dann ging ich mal.

Chez Benedict – *Eine Restaurantkritik*

Moden kommen, Moden gehen,
Chichi, Kitsch und falscher Schein.
Dort, wo neue Winde wehen,
zieht zu oft der Zeitgeist ein.

Gut, dass es die Häuser gibt,
die noch alte Sitten pflegen,
die nicht, weil ins Geld verliebt,
sich aufs Flüchtige verlegen.

In Sankt Peter, seit Epochen,
wird dem Kunden garantiert:
Traditionsbewusstes Kochen,
Hausmannskost, nicht variiert!

Wechselt auch der Chef der Küche,
bleiben die Rezepte schlicht:
Niemals wechseln die Gerüche,
Gott erhalt das Stammgericht.

Klassisch, einfach, unbehandelt,
Dreiklang, elegant, frugal.
Trocken Brot in Fleisch verwandelt,
wunderbares Abendmahl.

Maître Benedict, der Gute,
ist's zufrieden, nippt am Blute.
Köstlich ist der Leib des Herrn,
die Kritik verleiht 'nen Stern.

Schrebers Nichtgedicht

Glühwürstchen Glühwürstchen, grille, grille.
Brühwürmchen Brühwürmchen, Stille – Stille.
Nächtens im Garten,
der volle Mond scheimt.
Glühwürstchen? Brühwürmchen?
Hab mich verreimt.

Kleiner Gruss aus dem Garten

Die Kirsche beerdigt,
den Astbruch zerlegt,
den Maulwurf enthauptet,
die Würmer zersägt.

Die Wiese gezüchtigt,
die Furche gesaugt,
die Krume bedampfstrahlt,
die Rauke belaugt.

Die Schnecken beschnitten,
den Rasen getönt,
die Beete gewaschen,
die Rosen geföhnt.

Nehmse doch Platz,
ich serviere indessen.
Aus diesem Garten
können Sie essen.

ROSINANTE – EINE GROSSE KARRIERE

Unter seidenmattem Pony
eine mehr als noble Blesse,
raureifweiß auf Mahagony,
konturiert von feiner Tresse.

Rosinante war ihr Name,
Rosi wurde sie gerufen,
galt schon früh als große Dame,
als Vollendung auf vier Hufen.

Rosi trotzte Hindernissen
mit fast schwereloser Würde.
Alle Welt war hingerissen,
niemals jedoch eine Hürde.

Ließ auch jene triumphieren,
die sie stümperhaft bestiegen.
Trug auf allen Weltturnieren
jede Reiterlast zu Siegen.

Selbstverständlich ungeschlagen
ging die Stutenprominente
jetzt, vor grad mal vierzehn Tagen,
in die Promi-Stuten-Rente.

Wie in Sportkarrieren üblich,
fand die plötzlich Altgestellte
dieses Dasein sehr betrüblich
und ging ein an Seelenkälte.

Rosi, dies zum Trost all jenen,
die seither den Schlaf nicht fanden,
trocknet eure Tauertränen,
Rosi ist heut auferstanden!

Auferstanden aus Rosinen,
als? Na was, habt ihr's erraten?
In den rheinischen Kantinen,
als? Genau: als Sauerbraten.

Sommerliches Abendmahl (mit Heinz)

Dicke Rippe, fettdurchzogen,
blutet in die Glut,
Feuerzungen lecken eifrig
nach gegrilltem Gut.

Eins Eins Zwei, die Feuerwehr
löscht den Brand mit Bier,
Pilsfontänen schießen schaumig
auf das tote Tier.

Alles klar, das Schwein ist gar,
hey – wer will noch eins?
Danke für das Abendmahl,
ich nehm meins mit Heinz.

Fritz Eckenga
und die Kühlkammer
des Schreckens

Schattenreich der kalten Qualen.
Ewig während' schwarze Nacht.
Thermostatbewachter Schacht.
Stapelplatz der Tupperschalen.

Vorratskammer meiner Schrecken.
Loch in Styropor gehüllt.
Einst von eig'ner Hand gefüllt.
Was lebt wohl in deinen Ecken?

Niemals will ich noch erfahren,
was ich einmal schon erfuhr,
hinten links, die Quark-Kultur,
angelegt von mir, vor Jahren.

Drei Scheibletten warfen Wellen,
als sie fahles Taglicht sah'n
unter zartem Zellophan,
stumm bestaunt von Salmonellen,

die ein Hühnerbein bestiegen,
das ich irgendwann nicht aß
und weil ich es dann vergaß,
blieb es leider lange liegen.

Bloße Hände mussten räumen
Wanderhackfleisch halb und halb.
Nein, den abgetauten Alb
will ich niemals nicht mehr träumen.

Haust in meinen kalten Ecken.
Diese Kühlschranktür bleibt zu.
Kette, Schloss und endlich Ruh.
Keiner soll das Grauen wecken.

Der Hummerast

Wenn du großen Hunger hast,
säge nicht am Hummerast!
Zerstöre seine Schale
nie durch das Brutale!
Hammerschlag und Sägeblatt
machen zwar den Hummer platt,
jedoch die Hummerinnerei
wird durch Gewalt aussi zu Brei.
Sei zart und schone den Hommard,
mach's lieber nach Bretonenart:

Die wahren Connaisseure
sind Schalentiermasseure.
Sie kneten und sie walken,
dass Hummer sich entkalken
und freiwillig ihr Innendrin
– dies feste, weiße Protein –
aus ihrer Festung lösen,
bis man mit Mayonösen dann
die Hummrigen erlösen kann.

BLINDVERKOSTUNG

Lindenblüte. Quitte. Honig.
Minerale. Terroir.
Süße Note. Fast melonig.
Zitrusfrucht. Erstaunlich klar.

Dunkle Beeren. Schokolade.
Steinobst. Nuss. Petroleum.
Intensiv. Verhalten. Fade.
Welch ein Sammelsurium.

Leichte Säure. Aprikose.
Röstaromen. Curry. Zimt.
Minze. Bratwurst. Unterhose.
Gibt's ja gar nicht! Doch! Bestimmt!

Bohnerwachs. Lakritz. Banane.
Fichtennadel. Gras. Muskat.
Fuselstoffe. Marzipane.
Adilette. Mobilat.

Tee in Thermos. Nasse Asche.
Schwarzer Krauser Nummer eins.
Nylonsocke. Plastiktasche.
Antitranspirant von Heinz.

Holz. Linole. Null Tannine.
Augen auf! Jawohl! Applaus!
Herren-Umkleide-Kabine.
Nase voll und nix wie raus.

Sonett vom abwesenden Herrn Ober

Der Pfad des Träumers zieht sich zu den Sternen
und windet sich durch ferne Galaxien.
Wie weit sich seine Reisen noch entfernen?
Es wird sich meinen Blicken wohl entziehn.

Sein Auge ruht nicht auf geschmückten Tischen,
es zieht vom Schwarz der Nacht zum Blau der See.
Als schwömm er fantasiefeucht mit den Fischen,
als segelt' er berauscht von Luv nach Lee.

Ich rufe nicht den Mann, der grußlos schwindet,
wer weiß, wohin, ob Küche oder Klo.
Ich trau darauf, dass er sich wiederfindet,

und kehrt er wieder, sag ich nur »Hallo«.
Nach Abschluss seiner wunderbaren Reise
serviert Herr Ober mir die kalte Speise.

Sag Ja zur Wirklichkeit

Vor mir an der Theke sind
eine Mutter mit ihrm Kind.
Mutter kauft, Kind kuckt nett
erst zu mir und dann zum Mett.

»Mett, au ja, warum denn nich?«,
denk ich so und freue mich
schon mal auf das rohe Glück,
dann kuck ich zum Kind zurück.

Sabbert süß auf Mamas Arm,
ach, wie putzig, so viel Charme.
Ob ich so was auch gern hätt?
Nö, ich hätt jetzt lieber Mett.

Muss noch warten, Mutti bat
grad um etwas Cervelat,
zwei, drei Scheiben, Kindchen lacht
und mein Magen knöttert: »Schmacht!

Mutter, komm, nu mach schon hin!«
Dann fragt die Verkäuferin:
»Darf's ein viertes Scheibchen sein?«
Meine Antwort wäre: Nein!

Doch ich war ja nicht gemeint.
Ich kuck weg, das Kindchen weint.
Beide Weiber im Verein:
»Hatti tutti putzilein.«

Jetzt heißt's Pause überbrücken.
Ich vertröste mich mit Blicken,
lasse die Pupillen ruhn
auf'nem toten Suppenhuhn.

Lass die Weiber weiterkeifen
und die Blicke weiterschweifen,
über ausgebeintes Vieh,
in das Land der Fantasie.

Träume auf sehr weichem Speck
fett gebettet lecker weg.
Reise über Schweinerippen
hin zu sturmumtosten Klippen.

Lass am Strand mich niedersinken
hinter einem Vorderschinken.
Bräune mich mit Salmonellen
palmumwedelt auf Seychellen.

Wiege mich im Brandungsbade
neben einer Rindsroulade.
Hör von fern Sirenen singen,
die bald wie Irenen klingen,

gar nicht singen, sondern schrein:
»Junger Mann, was darf's denn sein!?«
Laut und lauter: »Junger Mann!
Wird's denn? Hallo, Sie sind dran!«

Aus der Traum, die Wirklichkeit
fordert Raum und macht sich breit.
Breit wie lang, gelockt, brünett:
»So wie immer? Etwas Mett?«

Sag ihr nicht, wo ich grad war.
Sag zur Wirklichkeit nur: »Ja!«

Dem zwölften Teigling

Importierte Weißmehlsklaven,
früh verschleppt aus Billigland,
aufgebacken in Maschinen,
rasch belegt von Leichtlohnhand.

Zum Verzehr als Bahnhofsflittchen,
das nach alter Fritte stinkt,
mit Salat und Remoulade
für den Quicki aufgeschminkt.

Elf entkamen dieser Hölle,
elf befreiten sich vom Joch,
brachen aus dem Teiglingsgulag
aus durch dieses kleine Loch.

Doch der Zwölfte ließ sein Leben,
er, der diesen Plan erdacht,
hielt zum Schutze der Kumpane
bis zum Letzten für sie Wacht.

Zog der Häscher Wut und Bisse
wie man's kennt durch Mut auf sich.
Auch sein letzter Satz war klassisch:
»Lasst mich hier, ich schaff es nich ...«

Echte Helden sterben einsam.
Echte Helden gehn allein
in die Bücher der Geschichte
und ins Weltgedächtnis ein.

Ihm ist also diese Ode!
Ihm ist dieses Großgedicht!
Ihn soll es auf ewig ehren!
Und die andern nämlich nicht.

*Anträge auf Aufnahme in die UNESCO-Liste
des Welterbes der Menschheit*
Fernfahrerteller Autobahn-Raststätte
Katzenfurt (9,00 €)

Es muss ihn auch weiterhin geben,
sein Hingang, UNESCO, wär tragisch, fatal!
Befördere ihn, erhalt ihn am Leben,
lass ihn nicht vergehen, er ist nicht egal

wie beispielsweise die Gegend, das Dings,
das Bumms, das hachgott, nun sag doch mal,
das wenn man von Norden kommt ziemlich weit links,
das, wart mal, jetzt hab ich's: Das Elbetal.

Dagegen ist er Heritage at its best,
ein Kunstwerk, frittiert wie von Gott für kein Geld,
ein Segen, ein Trost, ja, ein himmlisches Fest,
eintausendmillionen Mal freudig bestellt.

Der Fernfahrerteller für neun Euro glatt
von der BAB-Raststätte Katzenfurt-Süd,
das panierte Gebirge aus Kraftfutter satt
mit allem, was gut ist für Leib und Gemüt.

Drei Schnitzel, zwei Steaks, von vier Würsten bewacht
und von speckig gebratenen Eiern flankiert,
von ganzflächig deckenden Pommes bedacht
und auf LKW-Radkappenplatte serviert.

Doch jetzt ist er von den Banausen bedroht,
von Diätassistenten verspottet, geschmäht,
es blüht ihm der BAB-Raststättentod,
es sei denn, UNESCO, in Katzenfurt weht

in Bälde die Flagge der Weltkultur
und beschützt das historische Fernfahrgericht,
für das auch schon ich oft nach Katzenfurt fuhr,
um allen zu zeigen: Ich zeige Gesicht!

Es muss ihn auch weiterhin geben,
alles andere wäre doch Rastphemie.
Befördere ihn, erhalt ihn am Leben,
sein Ende, UNESCO, verdaute ich nie.

Beim Arzt

Wenn die süßen Sahnen wehen,
wenn die Hefen zweimal gehen,
wenn die Apfelkuchenfahnen
flattern in den Riechorganen,
wenn die Messgeräte messen,
weil die Zuckerspiegel stressen,
wenn Vanillewolken ziehn,
ziehe ich das Insulin.

Subkutan, Herr Doktor, geht es,
mit dem doofen Diabetes.

Fritz Ehec-Kenga meets Dirty Harry

Ich bin ein Fuchs, ich spare Geld,
ich pflück Salat im Rieselfeld.
Da ist der Keim besonders böse.
Ich brat ihn mir in der Frittöse.
Ich pfeif auf die Hysterie,
ich brutzel die Bakterie
bei höllenheißen tausend Grad.
Fuck off and make my day – Salat.

OHRENSCHMAUS

Wildbäche rauschen durch die Nacht,
Turboprops propsen durchs Zimmer.
Deutlich hier vorne ein Holzbrett, das kracht,
im Hintergrund Möwengewimmer.

Mein Ohr auf dem Nabel der Welt der Verdauung,
du braust, blubbst und gluggerst zu meiner Erbauung.
Ich lausche, wie das, was du mochtest, rumort,
ich kochte, du aßest und morgen ist's fort.

VÖLLEREIBEDINGTE GASTROINTESTINALE REAKTIONEN IM ABDOMINALBEREICH MIT OFFENEM, ABER BERUHIGENDEM AUSGANG

Aaaaaach
sei leise, Leib, lass nach
Eeeeeech
Bollerbauch, mach wech
Iiiiiiiiich
rühr mich nich, ich liech
Oooooch
Gürtel geh ins letzte Loch
Uuuuuch
welch lauter Puhgeruch …

… und hängt er auch in Fransen
Requiescat in pansen …

KÄSE!
Ein Protestlied

Im Kühlschrank friert ein Stückchen Harzer Käse,
die Eiseskälte setzt ihm bitter zu.
Es würd' so gern gegessen,
doch man hat es vergessen.
Jetzt zittert es in frostig dunkler Ruh.

Und träumt von einem warmen Platz am Fenster,
wo es verpackungsfrei sich wohlig aalt,
bestrahlt vom Sonnenglanz,
verändert die Substanz,
von knochenhart in samtweich-cremig-zart.

Mild verströmend käsiges Aroma,
das des Menschen Sinne duftig neckt,
solange bis der endlich
und letztlich unabwendlich
sein Käsemesser in den Harzer steckt.

Doch leider ist der Mensch nur zu vergesslich,
gedankenlos wie roh und schrecklich bös.
Was kümmert ihn die Welt?
Es geht ihm nur ums Geld!
Erst stirbt der Wald und dann schon bald der Käs.

Drum Mensch, schau bitte nach in deinem Kühlschrank
und achte drauf, ob dort ein Käse friert.
Schenk ihm ein bisschen Wärme,
sag ihm »ich ess dich gerne«,
bevor er seinen Lebensmut verliert.

Wir haben diesen Käse nur geliehen
von unseren Kindern, die noch länger lääääben!
Ach Mensch, sei nicht so herzlos!
Ach Mensch, sei nicht so stur!
Denk dran: Auch Käse ist ein Stück Natur!

Geflügelgereimtes

*Warum steht Kaninchen in Kochbüchern eigentlich immer unter
»Geflügel«? Mir doch egal, ich bin beim Kochen sowieso meistens
rechtzeitig betrunken. Und dann kommt so was dabei raus:*

Die Arbeit wird jetzt sofort ruh'n,
in der Küche wird das Huhn
baldigst in den Ofen zieh'n,
ach nee, das Huhn ist ein Kanin,
was man an den Flügeln sieht,
die ich mir als Filets briet.

Oppa, hab Dank!

Oppa aß gerne das Harte,
als er noch jung war, ist klar.
Da hatte er noch seine Zweiten,
doch auch, als er Alt-Oppa war,
aß er noch immer das Harte,
trotz Dritter im Brausebad
fand er das Weiche und Zarte
irgendwie nicht so apart.

Beerdigungskuchen von gestern,
mit knallharten Streuseln z. B.,
doppelt gebackene Knifte,
von steinaltem Brot per se,
aß ich zusammen mit Oppa
und lernte von ihm, wie es schmeckt,
wenn man, was hart ist, zum Weichen
vorher in Flüssigkeit steckt.

Vorzugsweise in Kaffee
wurde getunkt und gestippt,
je größer die Tasse je besser,
vom Kaffee wurd' nur genippt,
denn wir brauchten das Nasse
zunächst einmal nur präventiv
und alles, was dabei so abfiel,
fiel auf den Tassengrund tief.

Die Stipptechnik hat ja den Vorzug,
sofern man die Nerven behält
und weise vorausschauend wartet,
dass man den Nachtisch erhält,
indem man anschließend löffelt,
was in der Tasse versank.
Noch heute sage ich Oppa
beim täglichen Stippen: Hab Dank!

BERICHT ZUR AKTUELLEN VERSORGUNGSLAGE IN EINEM PRIVATHAUSHALT

Das Küchenradio meldet »Windstärke acht, in Böen zehn«. Die kranke Kirsche im Garten wird von Dr. Nordnordost zwangsamputiert. Der Regen schafft es nicht bis auf die Erde. Morgens um elf ist wie nachmittags um fünf. Grau mit starker Tendenz zu Dunkelgrau. Wunderbarer, klassischer Novemberdezember der Marke »Tür zu, lass keinen rein«. Gefühlte Temperatur: arschkalt. Da draußen gibt es deutlich nichts zu tun. Umso mehr muss drinnen geschafft werden. Der aufrecht gehende Warmblüter steht hinter dem Herd. Weitsichtig hat er zeitig vor dem Sturm Truhe und Regal gefüllt. Nun kann es nur noch darum gehen, den ins große Küchentuch gestickten Stundenplan zu erfüllen:

Fünfzehn dreißig: Süßes Futter!
Rühre Eier, Mehl und Butter!
Andiamo, lass nicht locker,
schmelze Schoko, brühe Mokka!
Schlage Sahne, küss den Schatz,
gurre »Gute, nimm doch Platz,
Du sollst schnuckern, ich will schuften,
bald muss es nach Braten duften!
Neunzehn dreißig, punktgenau,
gibt es Kloß und krosse Sau.
Günstig lauten die Prognosen,
morgen wird es weiter tosen.
Starker Sturm, ja blanker Hans,
dazu passt doch eine Gans.
Draußen hängt die Welt in Fetzen,
lass uns drinnen Speck ansetzen.«

Soweit der aktuelle Versorgungsbericht. Ich melde mich wieder, wenn die Bedingungen es zulassen. Erfahrungsgemäß ist damit vor Ende Februar nicht zu rechnen.

Schöner decken

Lag auf dem Grunde der Suppenterrine
eine vergessene Tellermine?
Verbarg zwischen Pflaume, Schalotte, Marone
im Masthahn sich eine Dumm-Dumm-Patrone?
Blies ein Luftwaffenattaché
zum Dessert-Storm in die Crème Brûlée?

Nee nee – Mutti hat's gut gemeint
und jetzt ist die Essecke eingeschweint.
Die Sippe ist vollkommen vollgesaut,
die Tischsitte war ihr noch nicht vertraut.
Mutti hatte was Neues probiert,
doch Vati und Kinder nicht vorinformiert,
dass man sich's Lätzchen ins Hemdchen steckt,
wenn Mutti am Mittagstisch Platzteller deckt.

TRINKEN

Weil's in diesen Tagen wenig sagen,
wollt' ich kurz mal hingewiesen haben,
darauf, dass es wichtig ist,
nicht nur, dass man nicht vergisst,
schon am frühen Morgen
Nachtschweiß zu entsorgen,
ab und zu mit Lappen,
Tagschweiß zu verklappen,
abends dann ins Bad zu sinken,
um sich gründlich zu entstinken.
Vor allem nämlich muss man trinken!
Trinken! Trinken! Trinken! Trinken!

Konsultiernse mal die Spezialisten:
Getränkemarktbesitzer, Internisten,
Pathologen, Bierverleger,
Sportreporter, Altenpfleger,
Bademeister, Eisverkäufer,
Hirnchirurgen, Wiedertäufer,
Saunatester, Rasensprenger,
Luftbefeuchter, Rutengänger,
Wellenmacher, Bunsenbrenner,
Beckenbauer, Kachelmänner,
alle werden konstatieren:
Vorsicht vor dem Dehydrieren!
Lieber mal ein wenig stinken,
als zu wenig trinken, trinken!

Selbst die Trockendockbesitzer,
von Natur aus üble Schwitzer,
warnen vor dem Saftverlust,
sagen jedem: Sauf! Du musst!
Tust du's nicht zum Selbsterhalt,
droht die Trinkerheilanstalt!

Wo die Zwangsbefeuchtung winkt,
jedem der nicht selber trinkt.
Völker, hört auf die Signale:
Schluckt noch eine Apfelschale.
Nicht in Agonie versinken!
Sondern trinken! Trinken! Trinken!

BESTSELLERESSEN KOCHEN!

ich habe heute früh schon was geLESEN!
die erbsen wässern grad und werden weich
ich koche davon eine dicke suppe
bewirte damit elke heidenreich

frau heidenreich kommt heut zum abendessen
und erbsensuppe ist ihr leibgericht
die branche schwört nur so sei sie bestechlich
ich baue drauf dass sie dann mein GEDICHT!

in ihrer LESEN!sendung allen kuckern
befiehlt zu KAUFEN! hunderttausend mal
ich schrieb bisweilen bessere gedichte
doch im erfolgsfall wär mir das EGAL!

*Von 2003 bis 2008 BEFAHL! Elke Heidenreich im Zweiten
Deutschen Fernsehen einmal monatlich allen Zuschauern ihrer
Sendung LESEN!, Bücher zu KAUFEN!, die ihr gefielen.
Die Sendung hatte großen Einfluss auf den Buchmarkt. Ich
hatte leider keinen Einfluss auf Elke Heidenreich. Sie ist meiner
Einladung nicht gefolgt. Noch nicht mal ABGESAGT! hat sie,
die do …*

Erst kommen die Pommes, dann kommt die Mayo
Zum 50. Todestag von Bertolt Brecht (14. August 2006)

Der Duden duldet *Werner's Grillwurst*,
Susi's Schnitzel ebenso,
Hilde's halbe Hähnchen Stube,
Timo's Thüringer & Co.

Ich verrat euch jetzt, wieso:

Weil des Duden's Apostrophen-
Duldungskommissariat
sich in all den Fettstationen
gratis satt gefressen hat.

Nachtrag 2014:
Neulich tat es noch mal weh
denn da las ich *Lach's Filet*«

Endreimredaktionssitzung im Wigwam des Häuptlings Eigener Herd*

Häuptling Klink zu Krieger Droste:
Du schreibst fertig und ich koste
derweil von dem warmen Speck!
Rühre dich hier nicht vom Fleck,
eh die Story druckreif ist!
Wehe, die wird wieder Mist!

Droste daraufhin zum Klink:
Mit Verlaub, Chef, das ist link
und bricht voll das Menschenrecht.
Ich soll ackern wie ein Knecht,
während Häuptling Feudalist
dicker wird und Bauchspeck isst.

Ich dagegen, Haut und Knochen,
Schreibersklave seit Epochen,
leergedichtet, ausgezehrt,
mangel-, unter-, fehlernährt.
Früher kraftvoll talentiert,
heute saftlos dehydriert.

Klink kämmt seinen Federschmuck
und erwidert: Du brauchst Druck!
Hunger fördert Fantasie,
Kalorie die Apathie!
Geist entfacht nur wahrer Schmacht!
Redaktionsschluss: Mitternacht!

Wirst du jetzt wohl weiterschreiben!
Oder soll ich dich entleiben?!
Wird der Häuptling richtig böse,
brutzelst du in der Fritteuse!
Bis die Glocke zwölf Mal läutet,
wirst du weiter ausgebeutet!

Droste, nur noch ein Gerippe,
fügt sich matt: Na gut, ich tippe,
während ich am Nagel nage,
meine Sättigungsbeilage.
Häuptling, reichen fünfzehn Seiten?
Klink: Na schön. Aber beizeiten!

Schlag zwölf Uhr war es vollbracht,
wurd' der Teller vollgemacht,
sprach der Häuptling: Krieger Droste,
fein geschrieben und nun koste –
siehst ja aus zum Gotterbarmen –
von dem guten Speck, dem warmen.

Bete brav zu Manitu
und nimm bitte etwas zu.

---

*Die kulinarische Kampfschrift »Häuptling Eigener Herd«
erschien von 1999 bis 2013 »so vierteljährig wie möglich«.
Die Herausgeber Vincent Klink und Wiglaf Droste waren so
freundlich, mich während der ganzen Zeit mitkochen zu lassen.*

Das Schlusswort

Möchte der Angeklagte noch etwas sagen?
Ja bitte.

Der Hahn war so offen,
ich hab mich versoffen.
Hundert Biere getrunken
um vier voll versunken.

Bin am Boden gesessen,
hab alles vergessen.
Zwölf Stunden fehlen,
weiß nur vom Erzählen,

dass der Hahn nicht zuging
und ich wohl anfing
nach zweihundert Bieren
mit Echauffieren

und wüstem Gepöbel,
einschließlich Möbel-
zertrümmern und Hauen.
Erst Männer – dann Frauen.

Ich kann's nicht erklären,
kein Stück, Euer Ehren.
Schon gar nicht belegen,
ich war nicht zugegen.

Zwölf Stunden fehlen.
Weiß nur vom Erzählen,
dass der Hahn nicht zuging
und ich wohl anfing,

nach dreihundert Bieren
die Macht zu verlieren.
Schlug alle k.o. –
ich bin sonst nicht so.

Sonst kamen nie Klagen.
Ich kann was vertragen.
Rekord ist vierhundert.
Kein Mensch, der sich wundert,

wenn ich wie gewöhnlich,
bring dann noch persönlich
mein Auto nach Hause –
ich brauch mal 'ne Pause.

Herr Richter, ich hätte
jetzt gern ne Tablette.
Der Nachdurst ist heftig,
die Kopfschmerzen kräftig.

Danke – zu gnädig,
ich weiß, es steht wenig
an günstigen Fakten
in all Ihren Akten.

Was soll ich noch beichten?
Mein' Sie, es reichten
fünfhundert Biere,
dass ich nicht verliere

Prozess, Geld und Freiheit?
Es ist doch kein Meineid,
gesteh', was Sie wollen!
Ich geh' in die Vollen.

Ich schwöre auf Wunsch:
Liköre und Punsch,
Klarer mit Speck,
komm ich dann hier weg

mit Tadel und Rüge?
Nicht, dass ich lüge,
es war ja nicht ich,
es war lediglich

mein Körper, der trank,
mein Geist war ja krank
und versank gegen vier
in achthundert Bier.

Ich führ nichts im Schilde,
ich bitte um Milde,
Verständnis und Güte,
weil ich mich bemühte,

nach all dem was war,
zu sagen: Na klar,
sei's wie es sei –
ich war nicht dabei.

Was ich angeblich tat
tut mir leid und ich bat
Sie nur um die Zeit,
zu erklärn: Ich war breit.

Stramm wie 'ne Uhle
und all die Bambule,
die's gab wegen mir
ist den neunhundert Bier

geschuldet – und jetzt,
wenn's Sie nicht verletzt,
in Ehre und Amt,
Herr Richter, verdammt,

was soll's, ich geb's zu:
Es warn tausend und nu –
komm ich endlich zum Schluss:
Euer Ehren, ich muss

jetzt dringend hier raus.
Da beißt doch die Maus
kein' Faden mehr ab,
ich bin völlig schlapp.

Und Sie doch wohl auch.
Das ist doch 'n Schlauch,
so'n saulanges Schlusswort.
Ich mein, wenn es Lustmord

gewesen wär, dann
d'accord, guter Mann!
Aber so? Lohnt sich das?
Na also, dann lass

uns jetzt gehn
in die Kneipe und sehn,
dass wir noch was essen
und dann vergessen

wir einfach den Mist.
Na komm schon, du bist
doch auch langsam platt.
Mal ehrlich, es hat

doch echt keinen Sinn.
Komm Richter, mach hin.
Pack ein und dann raus.
Ich geb auch ein' aus.

Mit mir durch Jahr und Tag

November, bleib so, wie du bist
und sei zum Dank dafür geküsst.

ACH JOTT, JANUAR …
Ein Qualritual

Wie der Junge von Herrn Gott,
wie der Jammer, wie das Joch,
warnt auch Januar mit Jott:
Es wird elend! Bleib im Loch!

Auf das Altjahr gab's kein Pfand.
War bald gelbes Schmierpapier.
Neues brüllte von der Wand:
Jetzt geht's los! Besorg es mir!

Ließ es hängen, wo es war,
schrieb ihm rein, dass es mich kann:
Weil du mit dem Januar
anfängst, fang ich gar nix an!

ZUM SIEBTEN JANUAR
Ein rechtzeitiger Jahresrückblick mit günstiger Prognose

Immer dasselbe. Kaum lief es los,
lief's wieder schief.
Verlass ist hier bloß
auf das Stimmungstief.

Noch knapp fünfzig Wochen.
Ich fasse Mut.
Weihnachten naht.
Alles wird gut.

WENN DIE ANDERN FEIERN
Büttenrede

Wenn die Weiber ihre Schnüsschen
Spitzen tausendfach zum Küsschen
Hinterlader mit »achgöttchen«
Ihre Pos zum Stippeföttchen
Gegenseitig präsentieren
Jecke Massen in den Gassen
Trübes Kölnisch Wasser lassen
An den Dom ohne zu frieren
Unverfroren urinieren
Narren durch die Straßen wogen
Kappen voll mit weichen Drogen
Sich mit öffentlichem Segen
Fröhlich offen übergeben
Im Verein und voll verwaltet
Gleichgesinnt und gleichgeschaltet
Sich befingern und bedrängen
Untermalt von Höhnerklängen
Von Geschmack und Geist verlassen
An und in die Körper fassen
Wenn es tuscht, tätät und schreit
Dann ist fünfte Jahreszeit

Das Rheinland spricht von tollen Tagen
Wenn die Witze Trauer tragen

TAUWETTER

Ein Häufchen weißer Dreck
auf matschig braunem Gras,
ein grauer Hut mit Löchern
und dazwischen was,
das aussieht wie 'ne Möhre,
gelbrot mit dunklen Stippen,
zwölf leere Dosen Bier,
und vierundfünfzig Kippen.

Der Schneemann hat geraucht
und Alkohol getrunken,
ein ungesundes Leben,
ist bald im Gras versunken.
Vergangen und vergessen
ist morgen schon die Leich,
getaut vom warmen Regen
und heißem Hundeseich.

FRÜHLINGSANFANG 2001

Als der Lenz Zweitausendeins
kalt in meinen Garten zog,
als die Schneelast alle Blüte
runter in die Matsche bog,
als der Stängel der Narzisse
still und leise einfach brach,
schiss ich die Natur zusammen
und schrie heiser:
MÄRZ LASS NACH!

PFINGSTEN

Pfingsten steht im Lexikon,
Band 17, Pers bis Pup.
Da schaut man nach, wenn man vergaß,
was man einst lernt' als Bub.

Man nähert sich dem Pfingstartikel,
auf Seite pfünpfundpfierzig,
über Pfennig, Pferch und Pferd,
danach kommt schnell der Pfirsich.

Dem Pferd wird sehr viel Raum geschenkt,
speziell den Pferdeleiden,
weil pfielpfach es der Seuchen gibt,
im Stall sowie auf Weiden.

Pfingsten pfolgt auf Pfifferling,
dem gelben Schwamm mit Hut,
man brät ihn gern mit Zwiebeln an,
doch zu viel tun nicht gut.

Pfinztal ist ein Kaff in Baden,
mit pfünpfzehntausend Seelen,
es hängt an Pfingsten hintendran
und ist nicht zu empfehlen.

Pfingsten selbst ist dieses Pfest,
zugunsten eines Geistes,
umpfänglich steht's im Lexikon,
lies selber, und dann weißt es.

Werktätige, heraus zum Kampftag der Arbeiterklasse!
Heraus zum roten 1. Mai!

Auf den breiten Autobahnen
staut sich Blech an Blech und drinnen
sitzen Werktäter- und Innen,
draußen wehen rote Fahnen.

Auf der Rückbank schmieren Blagen,
Schokokeks' in Polsterritzen,
quengeln, quietschen, sabbern, schwitzen,
alle Scheiben sind beschlagen.

Feiertag der Arbeitsklasse,
Masse feiert Wiederholung:
Machtvoll in die Naherholung,
Grillwurst, Maibock, hoch die Tasse!

Die Gewerkschaft warnte alle:
Demonstriert zu Fuß – im Gehen!
Wenn die roten Fahnen wehen,
fahrt nicht in die Urlaubsfalle!

Doch zu stark sind Traditionen,
alles drängt zu Nordseestränden,
hin zu Sand und Sonnenbränden,
Tausende, ach was, Millionen.

Mann der Arbeit, Frau der Taten,
raus zum roten ersten Mai,
röter werden, seid dabei!
's Proletariat muss braten!

Kein Erfolg

Weißt du noch, am fünften Mai?
Hatten uns gefreut seit Wochen.
Hatten uns so viel versprochen.
Kamen nur ein paar vorbei.

Schon der Vorverkauf lief mau.
Frag nicht nach der Tageskasse.
Eins steht fest, die große Masse
geht nicht freiwillig in' Bau.

Hüpfburg, Kaffee-Kuchen-Stand,
Trödelmarkt und Torwandschießen.
Gab so vieles zu genießen,
was so wenig Anklang fand.

Ob es an der Werbung lag?
Eher wohl am schönen Wetter.
Draußen war es einfach netter.
War ein schöner, warmer Tag.

An die Verächter des Sommers: Dann haut doch ab!

Eiswürfel rutschen den Buckel runter,
schaffen es nicht bis zum Steiß,
verenden am vierten Wirbel von oben
in reißenden Strömen aus Schweiß.

Meere in Unterarmachseln geboren,
bewachsen von haarigem Tang,
trotzen dem biologischen Angriff
des Deo-Dumm-Dumms tagelang.

Nächtliche Laken voll salziger Lake,
zerbröselt im ersten Licht.
Geborsten im Glühen der frühesten Sonne,
verpulvert, als gäb es sie nicht.

Schimmelnde Schwämme in triefendem Turnschuh,
Socken wie Klärschlamm der Ruhr.
Tropische Zuflucht der durstigen Mücke.
Wunder perverser Natur.

Stinkende Stöhner des schwitzenden Westens,
flieht doch in irgendein Meer!
Haut ab! Verschwindet! Schwimmt doch nach drüben!
Doch Obacht: Die Elbe ist leer!

Das Gesetz des Sommers

§ 1
Man zeigt als Mensch nicht nackte Schwarte!
Dies' Privileg hat nur das Schwein.
Man geht bekleidet unter Sonne,
trägt auch sommers langes Bein!

§ 2
Man badelatscht nicht adilettig
quietschend über Promenaden,
quält Mitflaniererblicke nicht
mit weiß besockten Stachelwaden!

§ 3
Man bietet nicht der Welt den Pöter
ungebeten nackicht an!
Auch am Strand trägt nur der Köter
Rute offen, nicht der Mann!

§ 4
Verboten ist dem Weib das Top,
wie seinem Kerl das Muskelhemd!
Zurschaugestelltes Achselhaar
wird ohne Warnung abgeflämmt!

§ 5
Unbedeckten Oberkörpern
dräut stumpfe Klinge ohne Schaum!
Strafrasiert wird Nabelwolle,
Brustgestrüpp und Schmerbauchflaum!

§ 6
Hundert Hiebe mit der Gerte
sind als Sühne angemessen,
auf bebadehoste Kimmen,
die in Gasthausstühle nässen!

AUGEN ZU!

Elfter Achter morgens,
alle Vögel schrien:
»Schlechter Tag für Verse!
Leg dich wieder hin!!!

Mach es so wie Amsel,
Drossel, Fink und Spatz:
Kopf unter die Federn,
Augen zu und ratz!«

Hypt euch doch hysterisch
durch den All-Event.
Klugheit nutzt die Dämmrung:
Fritz und Vogel pennt!

Die überwiegende Mehrheit der europäischen Bevölkerung setzte sich am 11. August 1999 alberne Papp-Brillen auf, um nichts von der Sonnenfinsternis sehen zu können. Zur klugen Minderheit zählten der Autor und allerhand Gesinnungsgeflügel.

Regen, Fluch und Segen

Es fiel nach langer Zeit ein harter Regen,
dramatisch nachgerade, fast verwegen,
stürzte er kopfüber auf die Wiesen,
Äcker, Pflaster und Terrassenfliesen.

Fiel aus heitrem Himmel wie in Stücken,
richtete mit einem Schlag drei Mücken,
schredderte zwei späte Zitrusfalter,
gut – sie hatten beide auch ihr Alter.

Ein zu träger Maulwurf wurd' getroffen,
hatte noch den Haufen oben offen,
kuckte sehr verdutzt anstatt zu fliehen,
seitdem hat er siebzehn Dioptrien.

Regenwürmer allerdings genossen:
– es hatte schließlich lang nicht mehr gegossen –
»Tanz den Regen! Raus und nicht genieren!
Shake it, Baby, lass dich mal massieren!«

Breiten wir den Mantel meines Schweigens
über Einzelheiten dieses Reigens.
Angedeutet sei hier nichts Spezielles,
allgemein ging es um Sexuelles.

Es fiel nach langer Zeit ein harter Regen,
für zarte Kreatur war er kein Segen.
Würmer, ja, die tauschten nicht nur Küsse …
Genug! Kein Wort! Ich sag nur: Blutergüsse!

Doch Schmetterling und Mück in ewger Stille.
Und Maulwurf sieht bescheuert aus mit Brille.

SOMMERFERIEN
Eine Idylle

Still ruhn die Reihenhausreihen
am schlafenden Rande der Stadt.
Das Rotkehlchen konnte nicht schreien,
die Katze schnurrt leise und satt.

Der Morgen graut müde, die Sonne
rekelt sich rot aus dem Bett.
Im Schatten der braunen Tonne
mästet die Ratte sich fett.

Zum 3. Oktober
Alle Kassen

Es brummt dem deutschen Einheitstropf
der Einheitsschmerz im Eierkopf.
Nationalsynapsen wüten
vom angestrengten Mythenbrüten.
Die Schale hart, der Keks ist weich,
sind alle Deutschen wesensgleich?
Fix und Fox und Plisch und Plum?
Alt und jung und klug und dumm?
Mann, Weib, Kind und Schäferhuhn?
So zieht der Schmerz nach unten um,
vom Hirn bis in die Kieferknochen,
wo hundertzwanzig Pulse pochen.
Direkt unterm Weisheitszahn
sitzt der eitrig' Gleichheitswahn.
Es hilft kein Schnaps, kein Baldrian,
da muss der Onkel Doktor ran.
Bei nationaler Infektion
heilt nur brutale Extraktion.
So was macht der Spezialist,
sein Name ist Identitist.

November, der Widerruf*

November, Held der Monatsrecken!
Schützend dick sind deine Decken,
wärmst mit dichten Baumlaubmatten
sowohl den Wurm in Herbstrabatten
als auch die kalten Gehwegplatten,
die unser Trottoir belegen,
für jeden fröstelnd' Zeh ein Segen,
sofern die Nachbarn nicht gleich fegen.

November, deckst uns zu mit Güssen,
legst die nassen Nebelkissen
dämpfend auf das Ach und Krach,
hältst Laut und Lärm gekonnt in Schach,
spitzer Ton wird mählich flach,
Ruhe senkt sich auf das Dach,
unter dem die klammen Socken
dampfend überm Ofen trocknen.

Warme Stube macht uns nicken,
da meldet sich dein kleiner Schalk.
Willst uns wohl ein Stürmchen schicken,
November, großer Blasebalg!
Nur zu! Tob dich nur tüchtig aus!
Wir gehen heute nicht mehr raus.
Schließen jede Fensterlade,
wickeln Plaid um Fuß und Wade
und schlürfen heiße Schokolade.

Wir lieben dich für deine Launen,
für stilles Schweigen, lautes Raunen.
November, bleib so, wie du bist
und sei zum Dank dafür geküsst.

* Der Widerruf wurde unumgänglich, weil die neunjährige Hannah W. überaus berechtigte Kritik an der Novemberschmähung übte. Hannah befand das Gedicht »so was von doof«. Sie habe schließlich in diesem Monat Geburtstag. Außerdem sei der Monat prima, »weil da so viel Nebel ist« und man nach Novemberspaziergängen »Kakao oder Tee im Jogginganzug trinken« könne.

Dezember fragen

Dezember, was willst du mir sagen?
Warum schickst du so früh Schnee?
Wieso frierst du mir den Zeh?
Ich werd' ja wohl mal fragen

dürfen, was du Zwölfter dir so denkst,
wenn du schon am Ersten weißelst
und die dicken Onkel geißelst.
Weil du ja normal anfängst,

erst kurz und knapp vor Ultimo
Flocken auf das Haupt zu streuen
und das Laufwerk einzubläuen.
Also Zember: Sag wieso

bist du mit den frostig' Faxen
diesmal derart früh am Start,
eist mir das Gemütchen hart
und auch, wie gesagt, die Haxen?

Rückantwort erwünscht sich bald,
bibbernd hinter weißen Wehen,
knetend an zehn blauen Zehen:
Fritz Eckenga, ihm ist kalt!

Gut gerüstet gegen Fusskälte
mit alten sibirischen Volksweisheiten

Wenn's kalt von unten zieht bei dir,
Leg dir Würste vor die Tür!

Aus dem Sibirischen von
Fjodor Fjodorwitsch Eckengow

Weihnachtlicher Beitrag
zur Integrationsdebatte

Huch! Nanu! Du dickes Ei!
Ramadan ist grad vorbei.
Jetzt kommt schon bald der Weihnachtsmann
und ich hab noch mein Kopftuch an.

Advent verbrennt

Seht nur all die vielen bunten Birnen
blitzen, blinken, blau und rot und grün,
konkurriern mit himmlischen Gestirnen,
Gott ist groß, der kleine Mensch ist kühn.

Männer installieren Weihnachtsschlangen,
kleine Bäckchen glühn im Kindersitz,
Glühweinväter-Baumarkt-Kombizangen
reflektieren Licht im Tannenspitz.

Vollverstrahlte Doppelhausgaragen,
Hecken blickdicht ausilluminiert,
Bambirudel-Gartenzwerg-Collagen,
Ochs und Esel festlich imitiert.

Regenrinnenabflussrohre schimmern
wie der Morgenstern im Nebelkranz.
Mattglasfenster in den Badezimmern
werfen rhythmisch Lichterorgelglanz.

Mietskasernen locken wie Bordelle,
hochadventlich rot in stiller Nacht.
Kletter-Nikolaus tritt auf der Stelle,
vor der Ankunft dübelfest gemacht.

Aus dem Schornstein stiegen weiße Räuche,
die ein heller Weihnachtsmond beschien.
Tragik steckt in manchem unsrer Bräuche,
Vater steckt verkantet im Kamin.

Rauchverbot im Stall zu B.

Partystimmung? Mucke? Tanz?
Das kann man so nicht sagen.
Der Esel zittert mit dem Schwanz,
weil ihn die Fliegen plagen.

Der Ochse pennt im Stehen ein,
den Huf im eignen Fladen.
Die Hose könnt nicht töter sein.
War keiner eingeladen?

Nur Mia, die grad niederkam
mit Heinz, dem Stammeshalter.
Doch wo ist Jupp, der Bräutigam
und wo sind Kurt und Walter?

Die stehen frierend draußen rum,
mit Königspils und Kippe.
Das Rauchverbot im Stall ist dumm.
Null Stimmung an der Krippe.

OH DU FRÖHLICHE GEBRAUCHSANWEISUNG

Nach der Wäsche hängt der fesche
Pulli reine an der Leine.
Der Wäscher ist jetzt gut beraten,
nach Trocknung nicht noch zuzuwarten,
sondern ihn gleich abzuhängen,
sonst zieht er sich in lange Längen.

Ein Gebrauchshinweis wie jener
gilt dito für den Nazarener,
der rund um das Kalenderjahr,
achtlos und vergessen gar,
sonderzahl von Latten hängt.
Doch wenn es dann zur Weihnacht drängt,
soll langer Lulatsch Gottessohn,
gestreckt von der Gravitation
und abgemagert zum Gerippe,
auf einmal proper in die Krippe,
mit Babyspeck und Windeln an.
Doch wie? Er ist drei Meter lang!

Drum merkt euch diesen Haushaltsrat:
Soll das Christkind akkurat
zur heil'gen Nacht ins Strohbett passen,
dürft ihr es nicht hängen lassen!
Andernfalls ist Dschieses Christ
zur Unzeit X-Large-oversized.

KEIN WEIHNACHTSLIED

Stille, Trauer, Einsamkeit,
Depressionen, Herzeleid,
Nebel, Regen, Suizid
und das erste Weihnachtslied:*

Oh du, ach du, oder? Nee.
Besser irgendwas mit Schnee:
Leise rieselt. Oder laut?
Lied im Ansatz schon versaut.

Glocken hauen meistens hin
und noch was mit Engeln drin:
Süßer die … äh … sag doch ma …
und die ganze … Dingens da …

Herrschaftszeiten ist das schwer.
Weihnachtet's nicht immer »sehr«?
Oh du, ach du? Hatt ich schon.
Vater, Sohn, Mariacron.

Einer geht noch! Wart mal, hier:
Kinder kommen und ein Tier!
Susi? Strolchi? Pooh, das Schwein?
Weißt du was? Ich lass es sein.

Stille, Trauer, Einsamkeit,
Depressionen, Herzeleid.
Dann kamst du und Weihnacht war
ohne Lied ganz wunderbar.

Die kursiv gedruckte erste Strophe wurde gespendet
von WDR-Hörer Wilfried Gemmer

Heiligabend

Heiligabend, stille Stimmung,
Tanne duftet, Kerze scheint.
Knapp zwei Stunden bis Bescherung,
Sippe endlich mal vereint.

Heiligabend, Arbeit ruht,
Vater schafft sich Fett ins Blut,
prüft zum wiederholten Mal
Konsistenz vom Räucheraal.

Heiligabend, Mutti schuftet
in der Küche, Braten duftet.
Dackel frisst den eig'nen Schwanz,
denn er kriegt nichts von der Gans.

Heiligabend, viel Getöse,
Dackels Rute blutet böse.
Vater köchert, röchelt schwer,
Aales Gräte sitzt ihm quer.

Gänsebraten steht in Flammen,
Dackels Maul füllt sich mit Schaum,
Mutti bricht am Herd zusammen,
Papa fällt in Tannenbaum.

Heiligabend, stille Nacht,
Mutti ist aus Schlaf erwacht
und wie alle Jahre wieder
kämpft sie Küchenbrände nieder.

Papa spuckt jetzt volle Kanne
Gräten aus, schmückt neu die Tanne.
Dackelschwanz wird abgebunden
und es schließen sich die Wunden.

Heiligabend, sowieso
Sippe satt, k.o. und froh.
Heute Kinder wird's was geben,
Vater, Mutter, Dackel leben.

Prost jedes Neujahr

Kommt alles so, wie's kommen muss!
Kommt alles so, wie's schon mal war!
Kommt jedes Jahr ein Neujahrsgruß!
(Wenn nicht, gilt der vom letzten Jahr)

Die letzten Fragen des letzten Jahrtausends:
WOHIN GING DER MENSCH?

Ging der Mensch still in sich rein?
Halste er aus sich heraus?
Ging er zeitig in die Federn?
Oder später noch mal aus?

Ging der Mensch in die Geschichte?
Oder schlicht und einfach ein?
Ging er Zigaretten holen?
Auf dem einen Raucherbein?

Ging der Mensch jetzt in die Zukunft?
Oder wieder auf den Baum?
Ging er abwärts zu den Wurzeln?
Oder in den Weltenraum?

Ging der Mensch vor Angst am Ende
nüchtern aus 2000 Jahren?
Quatsch! Er hat sich sehr betrunken
und ließ um zwölfe einen fahren.

Schon wieder vier Jahre rum

Wenn der Schnee im Jänner fällt,
ist die Welt ganz stumm
und ein Jahr herum.

Wenn der Strauch die Blüte treibt,
ist's schon wieder Mai
und ein Jahr vorbei.

Wenn's oktobermäßig rummst,
sich der Baum entleert,
hat sich's Jahr gejährt.

Wenn die Menschen böllern tun,
ist's Dezember und
wieder 'n Jährchen rund.

Ich schau, wie die Zeit vergeht,
rechne nach, was oben steht:

Jahr	um
Jahr	um
Jahr	um
Jahr	und wenn ich das addier,
———	komm ich dieses Jahr auf
4	

Guter Vorsatz

Ich hab mir nen Vorsatz vorgenommen:
Ich bin im neuen Jahr ehrlich!
Ich sag aller Welt, was ich von ihr halt,
ich bin ja schon alt und entbehrlich.

Ich schwöre, ab jetzt nur die Wahrheit zu sagen.
Schonungslos! Knallhart! Brutal!
Freundschaften leiden? Ehen verscheiden?
Da kann man nix machen – egal.

Lieber geh ich als einsames Ekel,
als böser, doch aufrechter Mann.
Und außerdem hab ich mir vorgenommen:
Ich fang wieder's Rauchen an.

Ein altes und ein neues Ja

Das alte Jahr? Ach ja. Ja klar.
War e, i, u, war annehmbar.
Sogar das Arschloch Januar
benahm sich halbwegs wunderbar.

Im Jahr war soweit alles drin,
so Mitte März sogar mal Sinn.
Es wurd' geweint, gepoppt, gelacht.
Hat round about ganz gut gekracht.

Im Jahr kam eingtlich alles vor.
Freude, Trauer, Abseitstor.
Inhalt? Tiefgang? Auch. Doch doch.
Besonders viel im Sommerloch.

Ein neues Jahr? Von mir aus Ja.
Vorausgesetzt, du bist dann da.
Schon klar, dass es ein gutes ist,
wenn du meine Gesellschaft bist.

Mit mir bei ihr

*Komm zurück, dann sind wir quitt
und bring noch was vom Griechen mit*

Ich weiss nicht

Die Fliege sitzt im Mist,
der Teufel im Detail,
das Häschen in der Grube,
im selben Boot wir zwei.

Die Maus sitzt in der Falle,
Hänschen sitzt im Glück,
die Katze auf der Lauer
und du mir im Genick.

Ich weiß nicht, wie ich's dir sage,
wie ich um dich empfinde,
ich suche nach den Worten,
die ich doch niemals finde.
Ich weiß nicht, wie ich's dir sage,
wie ich mich um dich zerreiße,
im Geist ist alles richtig,
doch wörtlich wird es fade.

Ein guter Satz reicht völlig
und Wörter gibt's in Mengen,
noch einmal will ich's wagen,
dieses Mal mit »hängen«:

Tom Dooley hängt am Galgen,
der Trinker hängt am Bier,
am Arsch, da hängt der Hammer
und ich Arsch häng' an dir.

Dickes G.

Etwas Zeit, Geduld, Vertrauen,
besser, man verletzt sie nicht,
diese schöne, erste Schicht.
Ganz behutsam tasten, schauen.

Auf noch unbewohnten Kissen
manches dürfen, gar nichts müssen.
Zwischen schönen leisen Küssen
vieles ahnen, wenig wissen.

Warmen Wind in langen Haaren,
hoch auf Haldenkronen steigen.
Köpfe zueinander neigen,
tief ins Bernstein-Bergwerk fahren.

In den Zwischenzeiten Worte,
Satz um Satz zum Bild gefügt.
Ohren, die man nicht betrügt,
hören sich an neue Orte.

Augenblicke werden länger
und aus langsam wird nicht schnell.
Träume werden leicht und hell
und die Räume weit, nicht enger.

Ganz behutsam tasten, schauen,
so viel Zeit für dieses Fest,
alle Zeit für dieses Nest,
so viel Freude, es zu bauen.

An Tagen wie diesem

An Tagen wie diesem, da braucht es nicht viel,
sagte die Freundin zur Freundin,
ein Frühstück im Frühdunst, da ist es noch kühl,
ein Luftzug und einen im Sinn.

Ein Handtuch im Gras, ein Buch und ein Glas
mit Tee und etwas Zitrone,
ein Baum überm Kopf und die Ahnung, dass
einer noch weiß, wo ich wohne.

An Tagen wie diesem, da bräuchte es dann
noch einen, auf den man spontan,
nach Gusto bequem zurückgreifen kann,
einen naheliegenden Mann.

Paradies 37

Gott, wie wir den trüben Tag verfluchten.
Nieselregen, Nebel, alles nass.
Weißt du noch, wie wir da oben suchten?
Stundenlang gegangen und dann das.

Nee, da konnten wir uns nix für kaufen.
Deine Einsicht kam dann reichlich spät.
Warum warn wir denn im Kreis gelaufen?
Weil du wieder wusstest, wie es geht.

Ach, wir wären dreimal da gewesen!
Ohne jeden Ärger, ohne Stress!
Doch ich durfte nicht die Karten lesen,

denn du hattest ja das GPS.
Siebendreißig Mal darfst du noch raten,
warum wir jetzt in der Hölle braten.

Brücke der Versöhnung

Seit du fort bist – diese Lücke.
Herz zerbrochen – tausend Stücke.
Niemand baut mir eine Brücke
über diesen Todesstreifen.

Soll ich selbst zum Spaten greifen?
Löcher graben, Pfeiler setzen?
Willst du mich noch mehr verletzen?

Komm zurück, dann sind wir quitt,
und bring noch was vom Griechen mit.

FREIGEHALTEN

Hast du noch das Fotoalbum
aus der Zeit, als wir im Zelt? –
Nur geregnet hat's auf Amrum,
doch im Schlafsack schien die Welt.

Hast du noch die Steingut-Tassen?
Beide Namen eingebrannt?
Deine noch – ist nicht zu fassen!
Meine flog ja vor die Wand.

Gott, die dunkelbraunen Wände.
Hatte jeder. War doch so.
Hast du noch die Krimi-Bände?
Sjöwall/Wahlöö, rororo?

Nee, die stehn ja hier im Billy.
Du nahmst ja Diogenes
mit zu diesem blöden Willi.
Arschloch das – verlogenes!

Und? Wie lange ging die Kiste?
War ja wohl nicht ganz so toll.
Und? War er's, der sich verpisste?
Halbes Jahr? Schon Schnauze voll?

Tschuldigung, ja ja, ist lange …
längst vergessen, dieser Mann.
Ja, versprochen! Nein, ich fange
ganz bestimmt nicht wieder an.

Keine Lust, mit dir zu streiten.
Bisschen plaudern? Gläschen Wein?
Auf die wunderbaren Zeiten?
Hier bei mir? Ich wohn allein.

Hab die Wohnung ja behalten
und – ich schäm mich nicht dafür –
dir den Parkplatz freigehalten.
Was? Du hast noch den R4?

Du da

Du bist nicht da, ich habe keine Lust zu schlafen.
Du bist nicht da, und ich bin nicht so gerne wach.
Du bist nicht da, ich bin bei neunundneunzig Schafen.
Du bist nicht da, die Decke neben mir ist flach.

Bald wirst du da sein, und ich werde gerne schlafen.
Bald wirst du da sein, und ich bin kein müder Rest.
Bald wirst du da sein, alle Boote sind im Hafen.
Bald wirst du da sein, und das Wachsein ist ein Fest.

Ein Film vom Glück

In diesem Film vom Glück sitzt sie
mit ihrem Po auf seinem Knie.
Das rechte ist schon ewig Schrott,
drum sitzt sie links, so geht's, grüß Gott.

Der Film vom Glück ist schwarz und weiß,
ihr Haar ist grau, er pustet leis',
wie bei der allerersten Balz,
in ihren Nacken, Gott erhalt's.

Sie lacht sich vor Vergnügen fett.
Die nächste Szene spielt im Bett
und bleibt fürs Publikum tabu.
Nicht mal der liebe Gott schaut zu.

Das Paar ist alt, die Liebe frisch.
Vom Bett geht's zum gedeckten Tisch.
In diesem Film ist Glück Genuss
und zwar, weiß Gott, im Überfluss.

Zum Schluss des Glücksfilms sitzen sie
mit vollen Mündern vis-à-vis.
Sehr hungrig seh'n wir diese alten
Turteltauben Hähnchen halten.

Da ist sogar der Herrgott platt
und segnet, was er bescheret hat.

Nach über fünf Jahren

Ich und dein Hund gehen immer noch aus
und es gibt auch noch deine Kissen,
sie sind nicht mehr ganz so grün.
Wir liegen auf ihnen und schauen raus.

Hast du da, wo du bist, was du brauchst?
Einen Baum, ein Buch, grüne Kissen?
Liegst du darauf und schaust raus?
Ich und dein Hund gehen immer noch aus.

STERNFAHRT

Wir ham auf dem Balkon geraucht
und du hast einen Stern gebraucht
für Ernst, den toten Tabakhändler.
Du hast ihn ziemlich oft verflucht
und ihm dann einen ausgesucht.

Der Himmel war wie immer flach,
'ne Handbreit überm Giebeldach
hielt der alte große Wagen.
Er hat dich ganz kurz angestrahlt,
du hast für Ernst die Fahrt bezahlt.

Der Halteplatz war jetzt bekannt,
und als der Wagen wieder stand,
bist du gleich eingestiegen.
Komm vorbei und bleib nicht stehen,
lass dich ab und zu mal sehen.

SCHÖNGETRUNKEN

Als ich sie zur Notdienststunde
sah, war's voll um mich geschehn,
ach, sie war so wunderschön
und verpflegte meine Wunde.

Sanft tinkturtelte sie jene
abgeschürfte Stirnpartie,
und als ich dann AUA schrie,
tat sie mir was in die Vene.

Anderntags, als ich erwachte
und mein Kopf zu krachen schien,
flößte sie mir Aspirin
reichlich ein und sagte: »Sachte,

junger Mann, Sie warn besoffen
wie ein Russe, zwei Promill,
besser, Sie sind jetzt mal still,
kucken Sie nicht so betroffen!

So was kommt mir selten unter,
vollgereihert und zerlumpt,
zweimal Magen ausgepumpt,
riechen Sie mal an sich runter!

Bäh, wie kann man so tief sinken!«
Haben uns nie mehr gesehn.
Nebenbei, sie war nicht schön.
Ich ging anschließend was trinken.

ENTSCHEIDUNG

Ich könnte aus dem Leben gehn,
vielleicht mit einer Kugel
oder mit 'nem schnellen Satz
in einen Meeresstrudel.

Ersticken könnt ich mich mit Gas
im abgeschlossnen Raum.
Zur Not reicht auch der PKW,
zerschellt mit mir am Baum.

Gift wär eine Variante,
beziehungsweise Aderschnitt.
Infrage käme Intercity,
vom Bahndamm nur ein kleiner Schritt.

Klassisch wäre wohl die Schlinge,
moderner schon der goldne Schuss.
Es täte aber auch der Sprung,
Brücke abwärts in den Fluss.

Tja, mein Schatz, da staunst du wohl,
da kuckst du reichlich dumm.
Es liegt an dir, zisch einfach ab,
denn wenn du bleibst, bring ich mich um.

Ratschläge zur Vermeidung hitzebedingter Auseinandersetzungen im partnerschaftlichen Miteinander

Mein Schatz, wir haben doch gar kein Problem,
wir haben auch gar keinen Streit.
Es ist nur die Hitze, sie klebt ja wie Lehm
an Gemüt wie an Hose und Kleid.

Mein Schatz, wir sind im Moment wie das Land,
wir brauchen mal Donner und Blitz.
Unser Streit ist wie Streit um das Dosenpfand,
also noch nicht mal ein Witz.

Mein Schatz, ich werf einen Schatten für Zwei,
dann haben wir beide Platz.
Ich gebe uns großzügig hitzefrei
und sag auch nicht immer »Mein Schatz«.

Das macht nur die Hitze, da flutscht mir das »Schatz«
ganz ohne mein Zutun heraus.
Ich kann es nicht halten, mein – hoppla – mein Spatz,
ging grad noch mal gut, meine Maus.

Mein Hühnchen, mein Mäuschen, mein Dingens,
                                    mein Floh,
mein Gott ist das heut wieder heiß.
Du hast ja so recht, wir sind nicht im Zoo,
mein Hase, willst du ein Eis?

Tschuldigung, Liebling, schon wieder ein Tier,
wie möchtest du, dass ich dich nenn?
Wie bitte? Englisch? My Darling? My Dear?
Ach garnisch, ich glaub ich verbrenn

mir besser nicht mehr den Mund, das ist dumm,
ich sprech wie von ferne gelenkt.
Der dämliche Diener der Dame bleibt stumm,
solange die Sonne so sengt.

Er hebt den Kosewortschatz erst dann,
wenn sie ruft: »Ist das kalt hier, ich frier!«
Bewegung tut gut, weiß der klügere Mann:
»Mein Schatz, bring mir bitte ein Bier.«

Regenfall

Du sagst so falsche Sätze.
Gestatte, dass ich petze:
»Es regnet wie in Kübeln.«

Aus Kübeln regnet's *raus*, beziehungsweise Eimern wie
aus anderen Gefäßen.

Rein, da regnet's ohne Wenn
und Aber hinten ohne »n«.
Zum Beispiel in die Wohnung.*

*Diesen Fall reguliert die Hausratversicherung.

Schwerwiegende Argumente gegen die Anschaffung und Benutzung von mobilen, kopfhörerabhängigen Musikabspielgeräten (IPod o. ä.)

Ich mag nichts in den Ohren haben außer Schmalz
und wenn ich sie gewaschen hab, von dir,
so analog wie möglich,
Balz.

Stelle
(Lezzione Scorpione)

Stelle heißen Sterne,
ich hab die Stelle gerne.
Besonders mag ich die
am Ohr von der Sophie.

Zehn

Und hopp – und ex – die liebe Zeit
mit ihren Siebensachen
verzieht im grünen Sommerkleid
und wird woanders lachen.

Tür auf – Tür zu – ein schneller Dreh
und keine weit'ren Fragen.
Geschmolzen sind wie später Schnee
zehn Jahre in zehn Tagen.

Über gewisse Kleinigkeiten

Über gewisse Kleinigkeiten
seh ich hinweg
ohne zu streiten.

Es gibt nur eine ganz bestimmte Methode,
Hemden ordnungsgemäß zu falten?
Na schön. Da will ich nicht gegenhalten.
Geschweige denn recht behalten.
In Hemdenangelegenheiten muss ich mich nun
wirklich nicht
in den Vordergrund drängen.
Was hältst du davon, sie auf Bügel zu hängen?
(Die Hemden, nicht die Angelegenheiten.)

Selbstverständlich gibt es sehr gute Gründe,
die für meine Zubereitungsart von Sauce Bolognese
sprechen.
Deine kommt dem italienischen Original viel näher?
Va bene!
Dafür einen Ärger vom Zaune brechen?
Nie!
Deine schmeckt doch auch recht passabel,
so ganz ohne Sellerie.

Einmal hatten wir einen absolut kindischen Streit –
                                      ewig her –
über die richtige Ausfahrt im Kreisverkehr.
Wir haben bestimmt sechs Mal die Runde gemacht.
Was sagst du? Acht?

Abgemacht!
Keine Diskussion.
Was soll's, alle Wege führen schließlich nach Iserlohn.
Obwohl wir ja nach Paderborn wollten.

Nein, wirklich, es ist Zeit
für ein bisschen mehr Ausgeglichenheit.

Da hinten auf dem Meer? Dieses Licht?
Na, ein Schiff.
Nicht?
Was denn?
Ein Stern?
Gern.
Kuck mal, jetzt nähert er sich langsam dem Hafen.

Wer nur etwas von Souveränität versteht,
weiß nun, worum es mir geht:
Ruhe, nicht Recht behalten.

Nur auf einem werde ich immer bestehen
und keiner – ich wiederhole: KEINER! –
Auseinandersetzung aus dem Wege gehen!

Das sage ich dir geradeheraus ins Gesicht:
Kühe, meine Liebe,
Kühe »blöken« nicht!

BANAUSEN

Junges Ding aus Bövinghausen,
junger Dachs aus Lütgen-Do,
liebten sich wie die Banausen
früh schon auf dem Grundschulklo.

Im Mittelteil beschlossen beide,
müsse man sich informiern,
grasten auch auf fremder Weide,
um dann bald zu retourniern.

Wissen heut als reife Dinger,
dass es gar nichts Schönres gibt,
als wenn man sich (mit Ring am Finger)
wieder wie Banausen liebt.

Stellenstreichung in der Privatwirtschaft
Ein Entlassungsgespräch

Die Umstände haben das Sagen,
nicht Willkür, Laune und Lust.
Bilanzen stelln keine Fragen,
summa summarum: Du musst

der ökonomischen Lage
nüchtern ins Auge sehn,
glaube mir bitte, ich sage
das nicht ohne Grund: Du musst gehn.

Ich wollte die Stelle nicht streichen.
Es tut mir doch mehr weh als dir!
Meinst du, ich geh über Leichen?
Ich leide doch selbst wie ein Tier!

Doch Leidenschaft ist ein Luxus,
den ich mir nicht leisten kann.
Nicht ich, sondern mein Realismus
bestimmt über wie oder wann.

Weißt du, die Nebenkosten,
Abgaben, Steuern, all das
kostete dich deinen Posten,
der Sparzwang, drum spar dir den Hass.

Also sei bitte nicht so bestürzt,
du tust dir nur selber weh.
Ich hab uns um dich gekürzt,
zugunsten der Ich-AG.

Was bleibt

So viel gerne hingegeben
und so viel bekommen.
Wie viel braucht man für ein Leben?
Was wird mitgenommen?

Das, was Möbelpacker tragen
vor die frisch gestrich'nen Wände.
Bleiben werden drei, vier Fragen
und zwei leere Hände.

A B F

Ein warmer A
Dein warmer A
Mein warmer A
Zwei warme Ä

Und dann dein B
Wie frischer Schnee
Soweit ich seh
Nur A und B

Ein B wie Brût
Ein F wie Flûte
Und Perlen, die durch Riesling ziehn
Wie du mit mir, wie die bulles fines

TELEFONISCHE VERABREDUNG

Schatz, ich schätz mal, um halb neun
könn' wir uns noch sehen.
Solln wir nicht, ich würd' mich freun,
dann was essen gehen?

Nein, du, länger dauert's nie,
das geht schnell vonstatten,
komm' ja sowieso nur die,
die noch Zweifel hatten.

Gestern? Gott – ein dummer Streit,
ja, ich war verspätet,
kommt mal vor, es tut mir leid,
hatte mich verbetet.

Nee, heut sprech ich nur ratzfatz
über Gottes Wesen.
Alles klar, bis dann, mein Schatz,
halb neun beim Chinesen.

Nach dem Besuch des Films »E-Mail für Dich« habe ich ein für alle Mail mit Meg Ryan Schluss gemacht. Und zwar formvollendet:

MAILTO:MEGRYAN@HOLLYWOOD.USA

mit tinte so blau wie ich selber
hab ich dir briefe geschrieben
sie kamen postwendend retour
und sind ungeöffnet geblieben

mit filzstift so rot wie dein zahnfleisch
schrieb ich dir karten aus dortmund
will ich von dir eine ansicht
schalt ich aufs standbild mit schmollmund

mit edding so fett wie tom hanks
sülzte ich liebesgedichte
aufs thermopapier meiner faxe
die machte dein reißwolf zunichte

this is the end meggy baby
not happy for me but for you
geh einfach drauf mit der maus
delete it und tschüss blöde kuh

Schöne Polizistin

Ach du Schöne, du bist einfach wunderbar,
verzeih mir meine kleine Schwärmerei.
In meinen Träumen sind wir zwei ein Liebespaar,
doch du bist bei der Pferdepolizei.

Hoch zu Ross beschützt du unsere kleine Stadt
und jedermann bewundert deinen Mut.
Im Trab und im Galopp machst du die Gangster platt,
dein Wallach steht dir ausgesprochen gut.

Zum Flirten hab ich immer ein Stück Zucker mit,
das steck ich deinem Braunen in das Maul.
Doch du hältst niemals an auf deinem Streifenritt,
wie hol ich dich bloß runter von dem Gaul?

Ich bin so richtig neidisch auf dein edles Tier,
es darf dich immer tragen hin und her.
Ich wär ja schon zufrieden, ja es reichte mir,
wenn ich der Sattel auf dem Wallach wär.

So nette Fünfe

Anette hab ich ungefragt genommen,
sie schien, so schien es, davon sehr erbaut,
ich fand mich anfangs richtiggehnd verkommen,
doch sie war anscheins ebenso versaut

wie Gudrun, die ich kurz danach bespulte
und die, wie die Anett, sich nicht beschwerte,
die nämlich haargenau wie, sag mal schnell, wie Ute,
das antragslose Nehmen sehr begehrte.

Wie folgend auch die Vierte namens Birthe
ganz gerne ganz entspannt die Gabe nahm,
nicht sperrte sich, nicht nörgelte, nicht zierte,

bei Babs fand ich die Nummer schon normal.
Kein Zicken, Zagen, Zögern und kein Winden.
So nette Fünfe, Freund, die musst du erst mal finden.

NIEMALS ...
Sehnsuchtslied eines verlassenen Damenfahrrads

Sie ging nur Zigaretten kaufen,
am Kiosk, gleich ums Eck.
Die paar Schritte könnt sie laufen,
sagt' es und lief weg.

War ich nicht ihr »Allerliebstes«?
War ich nicht ihr »bestes Stück«?
Hieß es nicht, »Mit dir da gibt es
nur ein Vor und kein Zurück«?

Nie mehr wird sie mich besitzen,
nie mehr mich ihr Rock umwehn,
nie mehr wird ihr süßes Schwitzen
duftend mit mir Runden drehn.

Was mir bleibt? Erinnerungen.
Landschaft, die man nie mehr sieht.
Melodien, auf mir gesungen,
Udos, ihres – unser Lied:

Ich war noch niemals in New York,
ich war noch niemals auf Hawaii ... ♩♪♩♪

Alle Farben Frau

Rote Augen. Grünes Haar.
Blonder Mund. Na und?
Mach ich doch, weil ich es muss.
Hab ja einen Grund.

Schulde diesem Schema das.
Tut dir doch nicht weh.
Noch 'ne Strophe, dann ist Schluss.
A – B – C und B.

Hab dich so oft umgefärbt.
Weißt du ganz genau.
Gib mir einen blauen Kuss,
Reimemacherfrau.

Mit mir unterwegs

*Dazwischen liegt der Kabeljau
und liebt ganz still die Kabelfrau.*

Anzeige

Betr.: ICE 847
Dortmund Hbf ab 10:48 Uhr
Hannover Hbf an 12:28 Uhr

Betrug, Betrug!
Das ist kein Zug!

Von wegen Zug!
Wie ich das seh,
seh ich seit zwölf Uhr zehn ein Reh.

Der Reihe nach.
Ich sah zunächst:
Das Reh kaut Klee, das heißt, es äst.

Im Anschluss bin ich weggedöst
und träumte, dass das Reh sich löst.

Um zwölf Uhr dreißig aufgeschreckt.
In Hamm entdeckt: Kein Traum! Es leckt
hygienehalber sich das Reh,
mir zugewandt, damit ich seh:

Betrug, Betrug!
Das ist kein Zug!

Das Reh bezeugt:
Du lügst, DB!
Das ist kein Zug! Das ist ein Steh!

Family-Day im Park

Die Supermarktkette lädt jährlich
zum Family-Day in den Park.
Der Eintritt ist frei und – mal ehrlich –
das Familienprogramm ist echt stark.

Die Familys kommen in Haufen,
denn sie schätzen den Mega-Event,
der Park ist total überlaufen,
weil jeder das Angebot kennt.

Denn die große Supermarktkette
ist promotionmäßig auf Zack.
Pro Familia gibt's eine Palette
Halbfett-Joghurt mit Himbeergeschmack.

Mütter kämpfen als wie um ihr Leben
am Supermarkt-Family-Day,
manche sieht man zwei Einheiten heben
von dem nahrhaften Give-Away.

Und es flattern die Fahnen im Winde,
und es brodeln im Öl die Pommfritz,
und es platzen die Plastik-Gebinde,
und in Hüpfburgen kotzen die Kids.

Und die Sonne glänzt um die Wette,
und sie legt sich wie Gold auf den Park,
und die Grasnarben schmatzen im Fette,
denn die Masse tritt Joghurt zu Quark.

Und sie hebt nun zum Himmel die Hände,
und sie streckt sich und reckt sich und winkt
dem Erlöser zu, der sich am Ende
für die Supermarktkette verdingt.

Und Tränen fontänen aus Augen,
und aus Nasen ergießt sich der Schnott,
und die Rasen verenden in Laugen,
und strahlend erscheint endlich Gott.

Und es ejakulieren die Geigen
zum Finale vom Family-Tag,
und hymnisch beschließt diesen Reigen
die goldene Stimme aus Prag.

Einmal um die ganze Welt
und die Taschen voller Geld,
dass man keine Liebe und kein Glück versäumt.
Viele fremde Länder seh'n,
auf dem Mond spazieren geh'n,
davon hab' ich schon als kleiner Bub geträumt.

Mit Joghurt-Paletten beschieden
spazieren, vom Mondlicht erhellt,
die Fam'lys nach Hause, zufrieden
mit Supermarkt, Gott und der Welt.

Schicksal Garderobensofa

Alt und braun und voller Schlieren,
enden Sofas abgeschoben,
während jenseits der Garderoben
Scherze im Applaus krepieren.

Schicksalswege eines Möbels,
immer kam es schlimm als schlimmer.
Früh missbraucht im Jugendzimmer,
spät als Couch des Kleinkunstpöbels.

Bier aus Flaschen, Bier aus Dosen,
Kabarett in allen Ritzen,
Speck von ewig alten Witzen
und vom Schwitzen toter Hosen.

Hinter Bühnen und vor Fluren
enden Sofas abgeschoben,
in den Künstler-Garderoben,
alt und braun als Backstage-Huren.

Fischerdorf mit Strand

Schäfchenwölkchen sausen südwärts,
Sonne saugt sie sengend ein,
Ozean grüßt blautürkisisch,
Möwen kehren keuchend heim.

Häufchen Schuppen schimmern silbrig,
Fischers Weib bürstet die Beute,
müde Männer dösen faltig,
haben Feierabend heute.

Linde Luft lullt leicht und duftig,
ein winzig Wellchen flach erbricht,
a la playa planscht der Bär,
Lothar lernt das Surfen nicht.

Die kurze Rückkehr des Pythagoras nach Samos

Lang war des Gelehrten Reise,
früh verließ er Haus und Hof.
Fern von Samos wurd' er weise,
blieb er, wusst' er, blieb er doof.

Inzucht unter den Versippten,
Inselkoller, Syphilis,
auf nach Thalis, dann Ägypten,
Memphis und Diospolis.

Zahlenmystik und Planeten,
Seelenlehre, Harmonie,
Geist und Körper und Katheten,
Philo, Geo, Alchimie.

Das Genie wusst' nichts von Muße,
selbst im Babyloner Knast
gönnte es, mit Blei am Fuße,
niemals sich Phytagorast.

Litt nicht, wie zuvor Meduse,
unter argem Kopfsalat.
Gäb es sonst Hypotenuse,
a- und b- und c-Quadrat?

Doch was nützet alles Wissen,
wenn das große Heimweh drückt,
wird die Seele so zerrissen,
wird der größte Geist verrückt.

Sah bei Ankunft nur Bekanntes,
dass die Rückkehr sich nicht lohnt,
dass zu Hause nur Verwandtes
und damit die Dummheit wohnt.

Sah nach all den lichten Jahren
grauen Asphalt, trüben Sand.
Sah den Schwager Jorgos fahren
mit Zement zum Samosstrand.

Sah den LKW kurz halten,
hört, wie Jorgos »jassu« schreit.
»Pytho, hast dich gut gehalten,
ich muss weiter, keine Zeit.«

Zwei mal tausend und fünfhundert
Jahre fort und nichts geschehn,
nichts, das ihn hier wirklich wundert,
nichts wie weg, kein Wiedersehn.

Lang war des Gelehrten Reise,
kurz war seine Wiederkehr,
Samos floh er still und leise,
Samos sah ihn nimmermehr.

Wir wolln ihm die Ehr erbieten,
zeigen nicht sein letztes Bild:
Klügster aller Samoniten
uriniert ans Straßenschild.

Bester Fang

Jürgen angelt, Jürgen fischt,
Jürgen bindet Fliegen.
Jürgen steht am Bach, in Gischt,
lässt kein Wasser liegen.

Einmal nur, in Santorin, ringsum alles Meer,
ließ er Wasser Wasser sein,
wurd' er erdenschwer.

Insel, lange Nacht und so,
linker Hand Retsina,
bester Fang saß längst an Land, neben ihm:
Bettina.

Bienvenue à l'Hôtel Dieu de Beaune

Dass Gott in Frankreich lebt,
sagt man nicht ohne Grund,
schließlich leitet Gott, der Herr,
ein Gasthaus im Burgund.

Achtundzwanzig Betten
im schönen Städtchen Beaune,
der Alte macht das Management,
sein Sohn die Rezeption.

Mon Dieu, es ist kein Luxusbau,
es ist weiß Gott nicht »Grand«,
d'accord, dafür verlangt er auch
pro Nacht nur 100 Francs (sans petit déjeuner).

Paris? Je ne comprends pas!

Paris? Für mich komplett passé.
Paris wird überschätzt.
Das Essen mies. Die Sprache ätzt.
Die Preise? Ach herrje …

Paris? Allein das déjeuner
kostet quinze Euró!
So viel Kies für einen Cro-
issont und Milchkaffee.

Paris? Mais non! Ich nix versteh!
Etwa dieses Schild.
Leser, lies! Bist du im Bild?
Ich finde keinen Dreh.

Klingel. Eieruhr. Ein Mann.
Telefon. Und dann?
Ruf ich an? Bestell ein Ei?
Und bekomm es wann?

Sag jetzt bloß nicht »Quatre-Vingt«!
Sag jetzt nicht »demain«!
Ein Vierundzwanzigstundenei?
Paris! Es ist vorbei!

Grosse Ferien

Die deutsche Bio-Lehrerin
fährt gerne nach Madeira hin,
wo auch im Herbst Hibisken blühn
und Ochsenkarren Lehrer ziehn,
setzt sie sich, wenn der Ochse steht,
von früh bis spät vors Blumenbeet.

Im Sendeloch 2001

Vier Wochen keinmal Wickert,
kein Kerner nicht, kein Jauch,
ins Fremdland eingesickert,
getreu dem guten Brauch,
dem Elektronikmedium
abhold zu sein, zu fliehn,
sich weder Beck- und Fried-
noch Poschmann zuzuziehn.

Kein Schröderscharpingfischerhauch,
in Bild nicht und in Ton,
kein, siehe oben, Günther Jauch,
oh süßer Fremde Lohn.
Oh tröstend andrer Erdenfleck,
so fern, so warm und weit,
so unbefleckt von Biolek,
von Raab und anderem Leid.

Dein Horizont verdeckt die Sicht
auf Sodom und Gomorrha,
die Welle deines Meeres bricht
den Schwall von Würg Wontorra.
Kein Lall der Heimat dringt heran,
zu laut sind die Schimpansen,
zur Primetime kreischt der Affenmann,
nicht etwa Frau Christiansen.

Der Traum bewacht vom Sternenzelt,
von Schnuppen, Satelliten,
kein Schrei, an dem der Schlaf zerschellt:
»Nullhundertneunzig Titten!!!«
Kein Alb in Comedy-Gestalt,
kein dummer Witz und auch
– hatte ich es schon erwähnt? –
kein Kwitz mit Günther Jauch.

Im Sendeloch gesundgesuhlt,
geheilt, gekurt, geliegestuhlt,
nicht ferngesehn nur weitgeschaut,
ansonsten auf das Buch vertraut.
Wenn Heimat in der Fremde ruht,
dann nur in deutschem Denkergut.
Das gute Buch muss immer mit,
also keins von Harald Schmidt.

Gipfelstürmers bester Freund

Er fräste sich durch Fels und Firn,
die Sonne sich durch seine Stirn.
Er stand verbrannt in Gletscherglut,
in seinen Stiefeln stand das Blut.

Der Gliederschmerz beweist es sehr,
der Gipfelgang war lang und schwer.
Der Steig war steil, der Fuß ist krumm,
doch echte Helden stöhnen stumm.

Und ist die Hacke noch so wund,
kein Klagelaut verlässt den Mund.
Er ging zwölfhundert Höhenmeter,
sein letzter Gang ist ein diskreter.

In stiller Abgeschiedenheit
befreit er sich vom größten Leid.
Kein Mienenspiel verrät das Weh
beim Rückzug auf das Herrn-WC.

Des Gipfelstürmers Stolz ist nobel,
sein bester Freund der Hornhauthobel.

Mille grazie, Bauern der Toscana

Träge wirft ein Büffelkäse Blasen,
hinterm Schuppen schnarcht ein Mittagsschaf,
Oleander blühn in roten Vasen,
in Idyllien döst ein deutscher Graf.

Kleiner Bürgersohn aus Westgermanien,
träumt sich unterm Ölbaum auf den Thron.
Danke, dir, du Bauer aus Toscanien,
nun gehört dein Hof einem Baron.

Ja, wir haben tausend Dank zu sagen,
für die Duldung deutscher Prominenz,
für Asylgewährung mancher Plagen

in den Ferien unsres Parlaments.
Wär's zu viel verlangt, dass die Fraktionen,
zukünftig auf Dauer bei euch wohnen?

(Wenigstens der allerärgste Stenz:
Gockel Jockel, seine Exzellenz?)

Der Fall Campanile

Vorm schiefen Turm von Pisa
stehn molto mille fieser
Spanner aus der ganzen Welt
und knipsen, was die Linse hält.

»Stronzi«, fährt es aus dem Recken,
»ihr könnt mich mal am culo lecken!«
Dann macht er Schluss,
ganz ohne Gruss
an die letzten tausend geilen
Spanner, die sein Grab nun teilen.

Die Frage, die nun viele stellen:
Musste er so viele fällen?
Die Antwort heißt: Was heißt hier viele?
Schließlich wars der Campanile!
Da sind mille ganz schön gnädich!
Allora basta! Und jetzt schämdich!

DER LITAUERINNENWALZER

Die Litauerin / die Litauerin
ist wohl die schönste Baltikerin
doch leider will sie nie rauskas
bleibt lieber in Wilna zuhauskas

Die Litauerin / die Litauerin
hat immer nur Einkauf zuhauskas im Sinn
bei Sinn & Leffers in Vilnius
gibt's Stretchcordhosen im Sommerschluss

Ach Litauerin / ach Litauerin
mach's doch mal wie die Lettländerin
kauf mal BHauskas und Mieder
bei Hennes & Mauritz in Riga

Komm Litauerin / komm Litauerin
komm doch mit mir mal nach Tallinn hin
in Restland gibt's noch 'n Schlecker ...
Du gehst mir jetzt echt auf den Wecker!!!

Litauerin / du doofe Nuss
bleib doch in deinem scheiß Vilnius!
Ich hau zu 'ner Russin nach Karstadt ab,
mitten in Downtown Kaliningrad.

The Empire of Fairness

Mit Hochachtung, großes britisches Volk,
rühmt die Welt deinen schönen Erfolg,
du kolonisiertest sie kreuz und quer
und bliebst dabei doch immer sportlich fair.

Denn holtest du auch die halbe Welt kiel,
you did it mit Witz, Understatement und Stil.
Zogst du hinaus in den War of Conquest,
war dir Eroberung immer auch Sportfest.

Das muss man dir artigem Engländer lassen,
man kann dich trotz deiner Kriege nicht hassen,
im Gegenteil muss man dich glorifizieren,
für sportliche Fairness und gute Manieren.

Dein Empire ging ja von here bis there
und wo du auch empiretest, hieß es nur: »Yeah!
Du hast uns zwar terribly pushed and abused,
doch fair warst du immer, wir waren amused.«

Welt online, 16. Februar 2009, 18:16 Uhr
Unfall im Atlantik
Die rätselhafte Kollision zweier Atom-U-Boote
Der Atlantik ist groß. Trotzdem stießen irgendwo auf offener See zwei Atom-U-Boote zusammen. Zahlreiche Fragen bleiben offen: Waren das britische und das französische Schiff an einem gemeinsamen Manöver beteiligt? Wie gefährlich war der Zwischenfall wirklich? Wie viele Atomsprengköpfe befanden sich zum Zeitpunkt des Unfalls an Bord? Wo geschah der Unfall genau? Und schließlich die Hauptfrage: Wie kann es sein, dass die bis zu 150 Meter langen Stahlkolosse, die mit hochsensiblen Geräten ausgestattet sind, einfach so kollidieren wie Autos in einer zu engen Straße? Sind die modernen U-Boote zu leise für die Geräte zur Schallmessung? Ist die Technik auf beiden Seiten so ausgefeilt, dass sie sich gegenseitig neutralisiert? Die zuständigen Ministerien hüllen sich in Schweigen.

Fish and Ships

Es schleicht ein U-Boot durch die Nacht
mit halber Energie,
bewacht die Welt, ganz still und sacht
und denkt: »Mich hört man nie.

Und außerdem weiß ich genau,
dass mich auch niemand sieht,
mein Mäntelchen ist tarnkleidgrau,
damit mir nichts geschieht.«

So taucht das U-Boot als Phantom
durch Tiefen fremd und fern,
und braucht es dafür etwas Strom,
dann spaltet es 'nen Kern.

Weil auch im Unterwasserreich
gedoppelt besser hält,
tut's ihm ein zweites U-Boot gleich,
bewacht und schützt die Welt.

Die beiden fahren unsichtbar
geräuschlos Seit an Seit,
doch keines nimmt das andre wahr,
denn keines weiß Bescheid,

dass sein Sonar es gar nicht misst,
wenn etwas existiert,
das voll und ganz identisch ist
und niemals registriert,

wenn nebenan ein Schattenboot
dieselben Wege nimmt,
wenn Blech an Blech Gevatter Tod
als Waffengatte schwimmt.

Nun fragt man sich, wie kommt es bloß,
weil's ja so kommen muss,
zum grässlichen Zusammenstoß,
zum schicksalhaften Schluss?

Ein Schicksalsfisch wird jetzt benannt,
wie man ihn selten sah,
ein Kabeljau, von mir gesandt,
ein Dorsch ex machina.

Der Kabeljau schwimmt nun dazu,
genervt von dem Verkehr,
macht hinten zweimal auf und zu
und scheißt aufs Militär.

Ein zarter Blasenblubb verlässt
mit leisem Knall den Darm,
der Hightech-Sensor schlägt gestresst
den rotesten Alarm.

Die U-Boot-Reste liegen seit
dem Crash bis in die Ewigkeit
am friedlich stillen Meeresgrund,
erst rostend, dann korallenbunt.

Dazwischen liegt der Kabeljau
und liebt ganz still die Kabelfrau.

Wurmkur

Ich sank vor den Altar
und fragte in mich rein,
wie ich den Wurm entfern
aus Jesus' rechtem Bein.

Ich hab's nicht amputiert
mit Säge oder Flex,
ich habe es kuriert
mit »Obis-Holzwurm-Ex«.

Der Herrgottschnitzer formte dich
aus hartem deutschen Holz.
Du warst des Riemenschneiders Til
großer Schnitzerstolz.

Noch Ewigkeiten hältst du dich,
gefeit gen Stock und Sturm,
komplett wie dich der Künstler schuf,
denn in dir starb der Wurm.

Gezielt geben

Obwohl ich sie schon drei Mal hab,
kauf ich ihm noch 'ne Zeitung ab.
Der Sitzende mit Stumpf statt Bein
kriegt auch was in sein Töpfchen rein.

Der Säufer, der den Hund so pflegt,
bekommt es diskret hingelegt.
Ganz offen in die linke Hand
erhält's der blinde Simulant.

Dem Buckligen im Zirkus-Frack
fliegt Kleingeld in den Chapeau claque,
und da er mich nicht missioniert,
wird auch der Heilsarmist dotiert.

Nach meiner Spender-Runde geh
ich schließlich noch ins Stadt-Café,
auf Cappuccino und Gebäck,
doch dann kommt der Gitarrenschreck!

Der böse Wanderklampfenmann
hebt lauthals mit »Azzurro« an.
Ich schrei zurück »Akkord ist Mord!«.
Er kontert vollrohr »My Sweet Lord«.

Ich hab den Quälgeist nicht bestellt
und gebe ihm mein letztes Geld.
Der Euro trifft ihn hart und gut,
erst fließt die Spende, dann fließt Blut.

Die Nervensäge nahm den Hut.
So kam es nicht mehr zu »Hey Jude«.

Vom Wesen der Besen

Sorgte mich, als ich dich fand,
hier im frischen Gras des März,
herzerschütternd war dein Flehen.
Nun lass ich es los, das Band.

Wie ein Stern, vom Herrn gesandt,
schien die Sommersonne dir.
Wir werden uns wiedersehen,
einst, an dieses Feldes Rand.

Gebe dich aus meiner Hand,
es ist Herbst, mein Kleiner, flieh,
zieh, bevor die Flocken wehen,
zeitig in ein warmes Land.

Es ist dir nicht unbekannt,
Dein Instinkt weist dir den Ort,
dort, wo Besenherden stehen,
findest du auch deinen Stand.

Denn das Wesen wilder Besen,
ich hab's extra nachgelesen,
in Brehms Besenlexika,
ist saisonbedingtes Äsen,
fernab in Nordafrika.

*Zusammengefasst heißt das für alle
verantwortungsbewussten Besenfinder:*

Noch nicht flügge Feger pflegen,
aufziehn, füttern, trockenlegen,
schön und gut! Doch nach dem Finden:
Besen niemals an sich binden!

Sondern, hier ist's fein bebildert:

Besen werden ausgewildert!

Tatort Strasse

Der Jägersmann jagt aus dem Bild,
womit, steht blutrot auf dem Schild.
Es wird jedoch nicht wirklich klar,
von welcher Art das Wild wohl war.

Wildpferd war's vermutlich kaum,
Pferd passt nicht in' Kofferraum.
Wildschwein hat schon eher Platz.
Waschbär? Eichhorn? Igel? Katz?

Axel von dem Hohen Grund?
Wurd' ein Deutscher Schäferhund –
gar kein wildes Fleisch erlegt?
Es ist bildlich nicht belegt.

Das Beutetier wird nicht genannt
und bleibt deswegen unbekannt.
Die Waffe war, soweit ich seh,
ein silbergrauer BMW.

KÖRPERWELTREISE
Teilweise berühmt werden mit Gunther von Hagens

Ich werde berühmt, werd' Legende, ein Star,
nachträglich, später, posthum,
weil ich nicht ganz in die Grube fahr,
ernte ich teilweise Ruhm.

Wenn ich geh, dann geht nur ein Teil von mir
und ein anderer Teil bleibt da.
Etwas von mir lass ich euch immer hier,
gut erhalten, in Ewigkeit, ja!

Ich fragte von Hagens: »Was darf es denn sein,
was kostet die Körperwelt?«
Er orderte prompt ein Achtel vom Bein,
ich hab's zur Verfügung gestellt.

Als Beinscheibe geht es auf Welttournee,
wenn ich mal gegangen bin.
Das Exponat geht nach Übersee,
der Rest geht – ich weiß nicht, wohin.

Der Rest ist wie immer nur Spekulat,
sicher sein kann man ja nie.
Sicher ist nur, dass mein Beinplastinat
berühmt wird, vielleicht auch das Knie.

Die standing ovations der späteren Welt,
gespendet dem ewigen Sein,
gespendet dem Fritz, der sich teilweise hält,
den Scheiben von seinem Bein.

Plages

Am Anfang des Tages
seh ich nur plages,
hingegen am Ende –
Strände ...

Mit mir beim Tier

Das Publikum bestaunt die Zucht.
Lateinisch: Ursus Hülsenfrucht.

Aufschwung im Zoo

Im Zoo war's neulich wieder leer,
drum frühstückte der Brillenbär
bis mittags und ging hinterher
zwecks Augentest zum Optiker.

Das Warten in der Brillenschlange
dauerte ihm viel zu lange.
So geht der Tag doch in die Binsen,
beschloss der Bär und nahm dann Linsen.

Bei Rückkehr war er schwer pikiert.
Der Pfleger hatte umfirmiert.
Die Änderung missfiel ihm sehr,
sein Name sei jetzt Linsenbär.

Ein Prankenhieb, ein Wadenbiss,
so fand sich schnell ein Kompromiss.
Der Bär las stolz und unbebrillt
sein nagelneues Typenschild.

Der Zoo war seitdem nie mehr leer,
dank Erbsen-, Linsen-, Bohnenbär.
Das Publikum bestaunt die Zucht.
Lateinisch: Ursus Hülsenfrucht.

Die Schönheitsfarm der Tiere

Auf der Animal Wellness & Beauty Farm
pflegt sich die Crème de la Crème,
frönt die Bohème ihrem Schönheits-Wahn,
die obren Zehntausend des Brehm.

Selbstredend hat Qualität ihren Preis,
doch der ist hier nicht das Problem.
Man weiß sich im top-exklusiven Kreis,
celebrities, VIPs, sie verstehn.

Das Motto von Chefästhet Dr. Petz,
der chirurgischen Kapazität
auf dem Gebiet der kosmetischen Kunst:
»Wir kennen nichts, was nicht geht!«

Halsfaltenstraffung bei Mademoiselle Schwan,
Tränensacklifting bei Grandma Waran,
Lippentuning bei Miss Lipizzan,
Schrotkur bei Lady Fasan.

Die welke Rhinozin wird glattmassiert,
der Schnepfe das Kinn collagiert,
die Orang-Utin de-orangiert,
das Perlhuhn auf Hochglanz poliert.

Die Seezunge wird von Belag befreit,
die Iglin von Haarspliss kuriert
und – Bulimie ist bei Reihern ein Leid –
die Reihrin aufs Schlucken trainiert.

Kahle Afghaninnen werden coiffeurt,
blasse Flamingas gefärbt,
im Stromlabor wird die Störin entstört,
in Lauge die Lurchin gegerbt.

Der Whirlpoolbereich ist in Walinnenhand,
man genießt die Warmwasserkur
und plaudert mittlerweile entspannt
über die Absaugtortur:

»Die Problemzone ist nun mal dieser Wulst
aus Schwangerschaftsstreifen und Tran,
diese ekelhaft wurstige Fettgeschwulst
gehört der Vergangenheit an.«

»Gnädigste, wussten Sie eigentlich schon,
dass Petz, dieses irre Genie,
unseren Bauchabfall plus Silikon
wiederverwendet?« – »Nein! Ihhh!«

»Wenn ich's doch sage, es stimmt garantiert,
man kann sich darüber nur wundern,
er füllt es ab und implantiert
die Kissen in notgeile Flundern.«

»Früher war man hier entre nous,
celebrities, VIPs! – Compris?
Früher war der Mob hier tabu,
heute kommt neureiches Vieh.

Keine Manieren, kein Glanz und kein Stil,
geschweige denn tierischer Charme!«
Der Anfang vom Ende im letzten Exil,
der Animal Beauty Farm.

Maibocks Frühlingsfrust

Brunzend steht der Maibock
im Wald und schaut betroffen,
das Reh will ihm nicht willig sein,
er ist ihm zu besoffen.

Hund und Haufen

Ja sicher, bellt der faule Hund,
ja sicher ist die Erde rund
und dreht sich wie ein Ball im All.
Ja sicher und auf jeden Fall
wird jeder Köttel, den ich mache,
ob flach, ob breit, ob runde Sache,
den Planeten runterrollen
und sich bald im Orbit tollen,
vielleicht an ISS zerschellen.
Geschenkt, hört sich der Hund noch bellen,
geschenkt die Sucherei nach Stellen,
wo ich mich diskret lösen kann.
Ich geh nur kurz nach nebenan
und leg den satten Morgenriesen
direkt auf Nachbars Eingangsfliesen.
Ja sicher, hört der Hund sich dichten,
die Rotation wird's sicher richten.

Hochleistungszucht und Moral
Die Parabel vom Endstufeneber

Bald schwanger werden soll die Sau
und dazu muss sie rauschen,
des Ebers Grunzen lauschen,
der Züchter weiß genau:

Erregung wächst im Zuchtbordell
vor allem durch die strenge
Geruchspräsenz und Enge.
Nur dadurch, dass man schnell

genug der Sau die Chance gibt,
des Ebers Hecht zu wittern,
beginnt sie rasch das Zittern,
will, dass er sie beliebt.

Und er, der Springer, stark und jung,
soll so umkränzt von vielen,
berauschend lauten Zielen
nicht nur für einen Sprung

getönt sein, sondern dutzendfach
beflaggt sein zum Gefickel.
Die frischen Saufollikel
sind samt und sonders wach

und wollen bald befruchtet sein
von Ebers Ingredienzien.
Nicht eine darf er schwänzien,
sonst wird ihm später kein

Karrieresprung vergönnt, denn nur
wer sich im Saustall quälte,
als Jungspund stur beschälte,
wird dann von der Tortur

des ewig gleichen Immerdruff
entbunden und kann leben,
als Obereber eben,
gleich neben jenem Puff.

Privatbehandlung, ganz entspannt,
der Züchter kommt persönlich,
einmal am Tag gewöhnlich
und zapft galant von Hand.

Moral:
Wer jung und reichlich Gutes gibt,
wird's später nicht bereuen,
er wird vom Chef höchstselbst geliebt,
muss nicht mehr zu den Säuen.

Sonntagsspaziergang

Sonntags morgens um sechs,
das müssen Sie mal probieren,
gehn Sie mal so früh raus,
gehn Sie mal sonntags spazieren.

Aber nicht erst um sieben,
auch nicht um fünf, wenn es graut,
im Frühling um sechs, wenn's grad hell ist,
doch gehen Sie bitte nicht laut.

Schleichen Sie sachte auf Socken,
auf spitzen Zehen ums Eck,
vermeiden Sie jedes Geräusch,
sonst hat der Versuch keinen Zweck.

Sonntags morgens um sechs
können Sie etwas sehen,
das nur um diese Zeit geht,
dass Vögel spazieren gehen.

Besser gesagt ›promenieren‹,
als wie auf dem Boulevard,
in größeren Gruppen und einzeln,
die Tauben meistens als Paar.

Stolzieren, parlieren, flanieren
auf Straße und Trottoir,
ein Corso in farbigen Federn,
in glänzendem Schwarz der Star.

Hätten Cafés schon geöffnet,
nähmen die Vögel wohl Platz,
bestellten Brioche und Espresso,
Corretto con Grappa der Spatz.

Sonntags morgens um sechs,
das müssen Sie mal probieren.
Stehn Sie mal so früh auf
und gehn mit den Vögeln spazieren.

Die klugen Bären

Die Schöpfer schuf das Arbeitstier
in mannigfaltger Art,
recht grob geriet der Ackergaul,
die Ameis dafür zart.

So schuften sie und hauen ran
auf ganz verschied'ne Weise,
der Zosse schwitzend, schnaubend, laut,
die Ameis dafür leise.

Der eine zieht das Pfluggeschirr,
die andere putzt die Felder,
tun´s klaglos, ohne Eigennutz,
geschweige denn für Gelder.

Im Gegensatz zum schönen Bär,
der ebenfalls viel schafft,
doch alles, was er kriegen kann,
ins Bärentäschchen rafft.

Er gibt nichts ab, denkt nur an sich
und nicht an Schöpfers Krone,
es interessiert des Menschen Nutz'
den Bären nicht die Bohne.

Stoisch thront der Egoist
tagtäglich auf der Klippe
und krallt geduldig frischsten Fisch
für sich und seine Sippe.

Im Anschluss an des Tages Werk
pflegt Petz den feuchten Pelz
mit feinem Tran vom Schuppentier,
denn seiner Frau gefällt's.

Die klügste Sorte Arbeitstiere
sind zweifellos die Bären.
Sie denken nur an Nahrungsfang
und anschließendes Vermehren.

GEBURTSTAGSCHOR DER GEZEICHNETEN
F. W. Bernstein zum Sippzichsten

Amsel, Drossel, Fink und – *pock*
Hallo! Hey! Wer stört denn da?
Alles achtet auf den Stock!
Und auf »Vier« geht's los: Tata!

Spitz und Spatz und Katz und – *tack*
Herrschaften! Ich bin's gleich leid!
Wer nicht spurt, fliegt raus! Zackzack!
Wachtel, mach dich nicht so breit!

Huhn und Habicht, Elch und – *klopp*
Einmal noch! Ich sag's euch, dann
setzt es Hiebe an den Kopp!
Nacktes Schaf zieht sich was an!

Hirsch und Hase, Esel – *knack*
Rote Karte für den Specht!
Schaf sieht spitze aus im Frack!
Ruhe bitte! So ist's recht.

One, two, three, four:

F. W. Bernstein über alles!
Über alles! Ist das klar!
Über Dir war keinesfalles
einer, der je drüber war!

Blüh im Glanze Deines Witzes.
Zeichne weiter Strich um Strich.
Dichte einfach noch mal sippzich.
Fritz an Fritz: Ich bitte Dich!

DAS VORNEHME SCHWEIN

Das vornehme Schwein äußert Unmut dezent,
der Gossenjargon ist ihm wesensfremd,
es kennt das geschliffene Argument
und nimmt das wörtliche Exkrement
niemals ohne Not in den Mund
und wenn, dann hat das schon seinen Grund.

Die Zustände müssen sehr unhaltbar sein,
bis sich das, wie gesagt, vornehme Schwein
zu Vulgarismen und Zoten versteigt
und dem Dienstpersonal seine Meinung geigt.

Dann rümpft es den Rüssel, zieht einen Flunsch
und äußert entschieden wie lautstark den Wunsch,
dass der Agrarproduzent, »der bepisste«,
seinen »beschissenen Stall« entmiste.

Dass es dem, noch mal, sehr vornehmen Schwein
g'schamig ist, derart gewöhnlich zu sein,
merkt auch der Mensch, sei er noch so verblödet,
am Umstand, dass es im Anschluss errödet.

Der BAB-Brehm

Asphalt, Teer, Beton und Stahl
winden sich querbeet zu Tal.
Mittels dieser großen Schneisen
kann man schneller wohin reisen.
Ökofundamentalisten
sehen in den Tempopisten
aber böse Mörderstrecken,
wo die Tiere schlimm verrecken.
Und tatsächlich, wer sah nie
ein zu Brei gefahrnes Vieh,
quasi im Vorüberfliegen,
auf dem Seitenstreifen liegen?
Gottseidank ist die Natur
blitzschnell wieder in der Spur,
schafft im Rasenaffenzahn,
links und rechts der Autobahn,
für die Opfer schneller Fahrt
mit Vollgas eine neue Art.
So entstanden massenhaft
Rassen mit Instinkt und Kraft,
die den Michelinprofilen
nicht mehr blöd zum Opfer fielen.
Und selbst strenge Umweltmullahs
sollten deshalb keinen Hallas
machen, sondern staunen.
Über flauschig leichte Daunen,
die des Staupfaus Küken wärmen,
sollten überschwänglich schwärmen

von den ostinaten Weisen
stimmgewaltger Kriechspurmeisen.
Sollten tränenglücklich lauschen,
wenn im Blechlawinenrauschen
sie beim eifrig Rollsplittpicken
Mittelstreifenhörnchen blicken
oder zwischen Staub und Schotter
gar die BAB-Kreuzotter,
schlängelnd zwischen Autoschlangen,
werden sie zum Schluss gelangen:
Zwanzig totgefahrne Katzen
speisen tausend Rastplatzspatzen.

Der Mottenmolch

Der Mottenmolch strolcht durch den Tann
und molcht sich an die Motten ran.
Den Mottenmolchdolch zwar gereckt,
doch unterm Molchmuff gut versteckt,
wartet er auf das Insekt,
das lecker wie kein anderes schmeckt.

Den Muff getränkt mit Mottenäther,
den Dolch benutzt der Strolch dann später,
um die Beute zu entbeinen,
denn man sollte ja nicht meinen,
dass der Molch die Motte kaut,
am Stück mit Knochen, Haar und Haut.

»Zu trocken«, weiß der Molch, »zu zäh,
von Motten nimmt man nur Filet!«

Rinderreime im Advent 2000

Denkt doch bitte im Advent
an die längst vergessnen Wesen,
ach, sie werden nie mehr äsen,
denn man hat sie abgehängt.

Denkt doch bitte vor dem Fest
an die dunkelroten Halben,
ach, sie werden nie mehr kalben,
denn sie fielen durch den Test.

Denkt beim Anblick eurer Krippen,
an die schweren Nichtentbeinten,
die im Kühlhaus tot Vereinten,
denkt an ihre kalten Rippen.

Denkt im Glanze eurer Lichter,
an das mehlgewordne Vieh,
und an den, der damit nie
reimen wollte, an den Dichter.

Teddybaerblues

Ted, ein cooler Cop wie kaum ein Zweiter,
Einer, dem die Uniform gut steht.
Definierter Body, oben breiter.
Der Typ Bulle, den man nicht verlädt.

Yberhaupt kein Zweifel: Teddy kann es.
Bolizist aus Lust und Leidenschaft.
Aber auch das Inbild eines Mannes,
Einer, der kaum gehen kann vor Kraft.

Richtig süß, hört man die Frauen tuscheln.
Bussi-bärig, knuffig, alles dran.
Leider lebt es sich nicht nur vom Kuscheln,

Unsereiner braucht auch dann und wann
Euromäßig einen, der was wegzieht.
Schade, dass der Teddy nur gut aussieht.

Schweineg R.I.P. pe

Ein süßes kleines Ferkelvieh
war Auslöser der Pandemie.
Drum wurd' es in der Virusschlacht
als Hauptaggressor umgebracht.

H Eins N Eins Zweitausendneun
besiegt, doch statt sich nun zu freun,
hat alle Welt nur aufgeheult,
denn Schweinchen Babe wurde gekeult.

Es herrschte eine Höllenwut
von Mexiko bis Hollywood.
In London, selbst in Lüdenscheid
nur Trauer und Betroffenheit.

Da sprach in Köln der Kardinal:
Das Ferkel ist uns nicht egal,
sein Opfer war nicht für die Katz.
Wir stiften einen Ehrenplatz!

Wir machen in Colonia,
gleich neben Kaspar, Balthasar
und Melchior, den weisen Drei,
im Dom noch 'ne Schatulle frei.

Zum Andenken an Babe und Grippe
werden Bein und hohe Rippe,
ausgelöst und blank poliert,
für Köln-Touristen präsentiert.

Millionen pilgern nun zum Rhein
und beten am Reliquienschwein.

Mit mir in Zumutungen

*Weltweit keine einzige labernde Lippe,
dank Schweigegrippe*

Wir?

Wir müssen den Gürtel noch enger schnallen!
Wir müssen das Land an die Spitze bringen!
Wir müssen als Inland dem Ausland gefallen!
Wir müssen zusammen die Hymne singen!

Wir müssen uns unserer Stärken besinnen!
Wir müssen die Neben und Kosten senken!
Wir müssen den Weltmarkt genau wie den Binnen!
Wir müssen nicht immer so kopflastig denken!

Ich muss mal – Moment – bin gleich wieder da!

- - - - - - - - - - - -

Puh, das ging grad noch mal gut.
Was war gleich das Thema? Ach ja, alles klar:
Wir mussten was müssen, nicht wahr?

Nur Ausrufezeichen? Gar keine Fragen?
Wer wird denn da mit mir vereint?
Es dürfen nur wenige »wir« zu mir sagen.
Ich bin dann ja wohl nicht gemeint …

16 DUMME FRAGEN

Seit wann wird denn im Krieg geschossen?
Seit wann fließt denn beim Schlachten Blut?
Seit wann ist denn das Rauchen schädlich?
Seit wann kommt nach der Ebbe Flut?

Seit wann wird denn im Krieg gelogen?
Seit wann macht alter Fisch Gestank?
Seit wann sind weiße Pferde Schimmel?
Seit wann gibt's Geld denn auf der Bank?

Seit wann gibt es im Krieg denn Leichen?
Seit wann verursacht Sonne Brand?
Seit wann stehn hinter Fragen Zeichen?
Seit wann gibt's denn auf Flaschen Pfand?

Seit wann wird denn im Krieg gefoltert?
Seit wann wird's denn im Winter kalt?
Seit wann ist denn der Papst katholisch?
Seit wann kackt denn der Bär in' Wald?

Berlin, Berlin, wir fahr'n nicht nach Berlin

Samstagmorgen, liebe Leute,
wird die Welt erst untergehn.
Ladenschluss ist drum nicht heute,
sondern Samstag, kurz vor zehn.

Akku-Schrauber, Tiefkühlente,
Flachbildschirme, Mon Chéri,
Pay-Back-Punkte, Riester-Rente,
Panzerfäuste, Tortenbrie.

Lasst euch bloß nicht kirre machen,
Samstag geht die Welt erst drauf.
Bis dahin gibt's alle Sachen,
gar kein Grund zum Panikkauf.

Lotto Müller lässt die Kassen
selbstverständlich auf! Applaus!
Nur der DFB muss passen,
das Pokalendspiel fällt aus.

*20 Jahre Die Grünen im Bundestag**
2003: Die Vision lebt

Die Mächtigen hielten den Atem an,
die Bäume atmeten auf.
Im Duden stand aufrecht das frau neben man
und ein Fischer begann seinen Lauf.

Die Stufen hinauf in das Hohe Haus,
ein Fünfteljahrhundert ist's her.
Die Sonne spendete strahlend Applaus
und die Wale tanzten im Meer.

Die Friedenstauben verließen den Schlag
und trugen die Botschaft ins Land:
Die Kelly-Familie im Bundestag!
Krieg und Gewalt sind gebannt!

Es währte dann grad mal noch zwanzig Jahr,
heute ist Deutschland im Lot.
Frieden und Freiheit – soweit alles klar,
nur Petra heißt Claudia Roth.

Ansonsten aber blieb es dabei,
die Vision ist auf neuestem Stand.
Realpolitisch gesehn einwandfrei:
Es lebe das Dosenpfand!

P.S.:
Otto Schily ist nicht mehr dabei,
der ging zwischenzeitlich zur Polizei.

Mittlerweile sind es schon mehr als 30 Jahre. Die Vision wurde darum mehrfach nachgebessert. Das 2014 gültige Einweggetränkeverpackungspfandsystem umfasst, den Grünen sei Dank, auch Polyethylen-Schlauchbeutel und Folien-Standbodenbeutel. Joseph Fischer hat sich ebenfalls verbessert. Sein Portfolio beinhaltet außer den Grünen u.a. BMW, Rewe, RWE und Siemens.

Deutschland ohne Kinder
Klärung der Schuldfrage

Die deutsche Frau kriegt keine Kinder!
Der deutsche Mann kann nix dafür!
Die deutsche Frau, sie leistet minder,
die Schuld trägt sie, es liegt an ihr!

Der deutsche Mann macht alles richtig:
Pflanzt ein Bäumchen, baut ein Haus,
fühlt sich nicht verhütungspflichtig,
trotzdem ist der Ofen aus.

Denn die deutsche Frau verzichtet
auf die deutsche Manneskraft,
fühlt sich keinesfalls verpflichtet
ihrem Auftrag: Schwangerschaft!

Die deutsche Frau ist sich im Klaren,
wohin diese Haltung führt,
dass das deutsche Volk in Jahren
spurenlos verschwinden wird.

Schert sich einen feuchten Kehricht
um den deutschen Fortbestand,
wird auch Land und Mann beschädigt,
sie fährt eiskalt vor die Wand.

Nutzlos steht der Mann im Safte,
stillgelegter Kavalier,
logisch, dass er stark erschlaffte,
keine will sein Elixier.

Doch der Mann muss sublimieren!
Zeugungskraft will doch wohin!
Hämmern, hobeln, installieren,
schleifen, irgendwas mit Sinn.

In den Hobbykellern grübeln
Männer übern Daseinszweck,
würden gern woanders dübeln,
doch die deutsche Frau kuckt weg.

SONDERBEGABUNG
Akrostichon-Sonett zum Zwecke der Elitenfrüherkennung

Siebenhundertfünfzig Gramm Synapsen.
Offenbar ein richtig dickes Pfund.
Nachtigall, ick hör dir tierisch trapsen!
Deutlich überm Durchschnitt, dieser Spund!

Einstein hatte ähnlich gute Werte.
Richtet euch drauf ein, man weiß ja nie.
Bald schon ist er wenigstens Experte.
Eher aber wird er wohl Genie.

Geistesgrößen legen schon als Blagen
Anderthalb, in Einzelfällen zwei,
Bruttokilohirn auf Haushaltswaagen,

Unser Knirps beweist, er ist dabei.
Noch vor Kurzem kackte er in Windeln.
Ganz bald wird er irgendwas erfindeln.

Keine gleichen Bedingungen, bitte

Ich will keine gleichen Bedingungen.
Will ich nicht, niemals im Leben.
Ich will gar nicht so wie die anderen.
Da könnse mir noch so viel geben.

Ich will auch, wenn's irgendwie geht,
auf gar keinen Fall gleiches Geld.
Schon gar nicht, um mir was zu kaufen,
was zu vielen gleich gut gefällt.

Tag der Zeugnisausgabe

Paul-Frederic kommt nicht in die Sieben.
Siv-Sarah kommt nicht in die Zehn.
Claus-Sören ist sitzen geblieben,
genau wie Tatjana-Marlen.

Maurice Kwiatkowski blieb kleben.
Kurt-Kevin Spodeck gleich mit.
Wer noch? Einmal raten? Ja eben:
Corinne-Anastasia Schmidt.

Vanessa-Naomi Niermeier?
Luzia-Michelle Bittermann?
Nikolaus-Leopold Geier?
Hängen ein weiteres Jahr dran.

Ehrenrunde für Luca
und Maximilian Schlauch.
Zwei Sechsen für Tim-Luis Kuka.
Für Anthony Wischmeyer auch.

Sitzen bleiben tun logisch
des Weiteren Grazia Schwanz,
Mandy Masur, Kira Klobisch
sowie Lucille Schickendanz.

Zeugnisse wurden geschrieben.
War das Urteil der Lehrer gerecht?
Schüler sind sitzen geblieben.
Warn sie denn alle so schlecht?

Eltern, tut nicht so entsetzt,
ihr Urheber all dieser Dramen.
Wie viel Kinder wern nur nicht versetzt
wegen all ihrer schrecklichen Namen?

Zugewinngemeinschaft

Alles passte, wackelte und hatte
Luft für zwei, wie's auf dem Blatte
man alsbald fixierte.
Der Notar notierte:

Gesehn, getestet, angebandelt.
Unterzeichnet wie verhandelt.
Er will, sie will, beide wollen,
was zwei, die nun eins sind, sollen:

Im Mäßigen wie Schlechten
niemals sich entflechten.
Gegenseitig geben.
Mit der Hälfte leben.

Die beiden sind seitdem ein Stück.
Geteiltes Glück ist halbes Glück.

MITMENSCH RAUS
laut vorzutragen

DER MITMENSCH IST IN MEINER WELT
DAMIT ER MICH DA PLAGT
MAN HAT IHN EINFACH HINGESTELLT
ICH WURDE NICHT GEFRAGT

OB MIR AN IHM GELEGEN IST
OB ICH 'NEN ANDERN WILL
STEHT EINFACH DA, DER TERRORIST
UND IST UND IST NICHT STILL

DER MITMENSCH HÄLT DIE FRESSE NICHT
ER ÖFFNET FASS UM FASS
ICH KRIEGE IHN PARTOUT NICHT DICHT
ICH KRIEGE NUR DEN HASS

DER MITMENSCH TÖTET PUBLIKUM
MIT EWIGEM GESCHWÄTZ
ER PLÄRRT ES LÄRMEND LAUTHALS UM
ES HILFT MIR KEIN GESETZ

DAS MICH, DEN PASSIVHÖRER, SCHÜTZT
DAS IHN NACH DRAUSSEN ZWINGT
WO ER MIT AKTIVRAUCHERN SITZT
UND DIE UMS LEBEN BRINGT

Zwei begrüssenswerte Seuchen

Nichts dringt ans Ohr.
Null akustischer Müll.
Kein Schwafel, kein Brüll.
Das stille Idyll.
Kam noch nirgends nicht vor,
meines Wissens nie.
Wär' aber mal höchste Zeit für diese Pandemie:
Weltweit keine einzige labernde Lippe
dank *Schweigegrippe*.

*

Weil man sich nur bekleidet vor ihr schützen kann,
hat jeder Pillemann eine Hose an.
Am Strand kein einziges unbedecktes Gemächt.
Sandsackzeckenseuche
fänd' ich nicht schlecht.

Fussgängerzone, Dienstag, 15:45 Uhr

Es hört ihm niemand zu, wie dumm.
Der Sprecher hat kein Publikum.

Den Mann ficht das ganz offenbar nicht an.
Er spricht, so scheint's, damit er selber sich versteht,
so laut es geht, was vor sich hin.
Ihm hängt etwas am Kinn, ein Knopf
und links und rechts je ein Stück Draht am Kopf.

Jetzt schreit er wie entfesselt:

ICH HAB DOCH DEN TERMIN MIT MIR!
WIE WO? NA HIER!
VORM KARSTADT-FENSTER! SCHAU DOCH HER!

Und dann – wie abgerissen – plötzlich nur noch nichts.
Im Hintergrund rauscht leis' der Fußgängerverkehr.

Wahrscheinlich ist der Akku leer.

Tatort Sonntag

Es muss ein toter Dialog
noch dreizehn Mal krepieren,
es zieht als Übung und Prolog,
damit die Kunden frieren,

wie in Jahrhunderten gewöhnt,
der Glotzenfrost durchs Zimmer.
Die Kundschaft weiß Bescheid und stöhnt:
Nach schlimm kommt immer schlimmer!

Nach Tatort kommt die Kaltmamsell,
die kreischende Platine.
Genannt »das sprechende Skalpell«,
die tödliche Sabine.

So war und ist und bleibt es Brauch,
und heißt Sabine hinten Jauch
beziehungsweise Jauch auch Will:
Nach Tatort bleibt die Glotze still!

Hilferuf eines Wahrnehmungsgestörten

Ich weiß nicht, warum ich bei Kerner* war,
ich bin weder dumm noch ein Star.
Prominent bin ich nicht, Politiker nicht,
und doch war es ich, den ich sah.

Kann's sein, dass Sie es gesehen ham,
wie ich beim Kerner zu sitzen kam?
Erinnern Sie sich? Sahen Sie mich?
Er quatschte mich andauernd an.

Ich sank in den puffbeigen Sessel ein
und schwitzte, ich sag mal, wie 'n Schwein.
Sahen Sie das? Ich war völlig nass
und dachte, das kann doch nicht sein,

dass ich beim Kerner im Fernsehn sitz,
dass ich in dessen Puffmöbel schwitz.
Warum bin ich hier, was will der von mir?
Ich bin's doch – Eckengas Fritz.

Hab niemals im Saustall geschweine-igelt,
hab meinen Darm nicht bei Jauch gespiegelt,
nicht fremdkopuliert, nicht bundesregiert,
nie 's Schamhaar Frau Elvers' gestriegelt.

Ließ nie mein Haupthaar kolorieren,
hatte nie öffentlich Sex mit Tieren,
nie Geiseln genommen, kein Schmiergeld bekommen,
warum dann mit Kerner parlieren?

Wer immer mich sah, bitte melde er sich!
Und sage mir: »Nein, Fritz, du warst es nicht!
Du sahst dir nur ähnlich, du bist so gewöhnlich,
hast auch nur so 'n Dutzendgesicht!«

** Nachgeborene dürfen den Namen »Kerner« gerne durch
»Lanz« ersetzen. Dadurch entstehen lediglich rhythmische,
keine inhaltlichen Ungenauigkeiten.*

VERLÄNGERUNGSSONETT*

Ich ließ mir alles, was nur ging, verlängern,
so lang, bis alles meinem Weib gefiel.
Sie wünschte sich, dass alles vor dem Schwängern
verlängert wurd' an mir von Stumpf bis Stiel.

Der Liebsten stand der Sinn nach Riesenkindern,
ihr absichtsvolles Trachten war mir Pflicht.
Die Chance auf langen Nachwuchs zu vermindern?
Nein, Widerspruch und Zweifel wagt ich nicht.

Sagt das Herz dir: Geh und lass dich dehnen!,
fragst du nicht nach Sinn und nach Verstand.
Sehnt die Süße sich nach langen Genen,

streckst du dich nach Kräften und wirst lang.
Wohnst ihr innig hoffend brünstig bei,
nennst den kleinen Kacker später Kai.

*für Gerhard Henschel, der mit der »Bild« und
ihrem Diekmann mal in die Verlängerung musste*

Was spricht für Deutschland? *(2004)*

So vieles, das *gegen* Deutschland spricht:
Lässig? Locker? Nee, eher wohl nicht.
Temperament, Leidenschaft, weltoffen sein?
Hamwe nich – könnwe nich – kringwe nich rein.

So vieles, das Deutschland im Leben nicht ist:
Lebendig? Wendig? Wird beides vermisst.
Wenigstens Wirtschaft? Ökonomie?
Schlusslicht. Am Ende. Zero. Fini.

So vieles, das Deutschland nun wirklich nicht hat:
Brillanz? Eleganz? Finden nicht statt.
Denken und dichten? Na ja, lang ist's her.
Für Dreizeiler reicht's, bei vier wird's schon übel.

Gibt's denn so gar nichts, dass *für* Deutschland spricht?
Nirgendwo Hoffnung? Visionen? Ein Licht?
Etwas, das Mut macht, die Zukunft erhellt,
das Deutschland was gelten lässt in dieser Welt?

Doch:
Deutschland ist eine Turniermannschaft!

Man kann es gar nicht oft genug sagen:
Deutschland ist eine Turniermannschaft!

Und jetzt alle:
Deutschland ist eine Turniermannschaft!
Deutschland ist eine Turniermannschaft!
Deutschland ist eine Turniermannschaft!
Deutschland ist eine Turniermannschaft!

Das letzte Licht über dem Effenberg*

Tief stand die Sonne am Abend des Mai,
lang warn die Schatten, geworfen von zwei
liebenden Menschen, so innig und nah,
dass jeder, der je ein Liebender war,

ahnte, nein wusste: Die zwei – dieses Paar,
das liebt sich ganz furcht- und ganz wunderbar.
Nichts kann sie trennen, nicht Teufel und Tod!
Die Sonne verschwendete Abendrot.

Am Maimorgen drauf erschien sie erneut
aufgehend rötlich und war sehr erfreut,
wie abends zuvor die beiden zu sehn.
Sie kniete ermattet, er konnt' noch stehn.

Tief stand die Sonne am Morgen des Mai,
lang warn die Schatten, geworfen von zwei
komischen Menschen, sie kniete, er stand,
darüber stand »Bild«, der Rest war bekannt.

Jedermann wusste inzwischen: Das Paar,
es liebt sich ganz furcht- und ganz wunderbar.
Die Frau heißt Frau Strunz und ist tätowiert,
er nennt sich Effe, ist ähnlich beschmiert

am Körper wie die an ihm Riechende,
vor Liebe und Lust scheußlich siechende
Frau, der die Augen verbunden waren.
Die helle Sonne war sich im Klaren:

Wer wie Frau Strunz vor dem Effe da kniet,
am Nabelloch schnüffelt, nichts dabei sieht,
muss seine Haut im Solarium gerben,
ansonsten aber im Dunkeln verderben.

Sie gönnte dem Paar noch ein letztes Licht,
»flüchtet, ihr zwei«, doch die flüchteten nicht.
Tief stand sie über dem Effenberg.
Lang war sein Schatten, das schafft selbst der Zwerg.

*Geschrieben anlässlich einer Plakat-Plage, mit der die »Bild«
Anfang der Nullerjahre das Land überzog. Das Motiv zeigt
die Wechselspielerfrau Strunz kniend vor ihrem neuen Führungs-
spieler Effenberg. Ihr Gesicht befindet sich in Höhe seines
Gemächts. Damit sie es nicht sehen muss, wurden ihr die Augen
verbunden.*

Aufruf zur Erfüllung der patriotischen Pflicht!

Stützezieher, Arbeitslose,
raus aus euren Betten!
Sofort in die Hose!
Seid ihr noch zu retten?

Aufstehn! Hoch! Zur Decke strecken!
Hängemattenluschen!
Staatsschmarotzer, faule Zecken!
Kommt mal in die Puschen!

Liegenbleiber! Volksempfänger!
Es ist Schluss mit Pennen!
Ja, da wird euch bang und bänger!
Fangt schon an zu rennen!

Plötzlich, plötzlich! Hopp! Marsch Marsch!
Wer nicht spurt, wird eingesargt!
Brennt euch's Feuer unterm Arsch?
Gut! Das heizt den Binnenmarkt!

Vollversorgte! Asoziale!
Faule Völker, Pack, Proleten.
Hört gefälligst die Signale:
Asche! Umsatz! Geld! Moneten!

Stützezieher, Arbeitsscheue:
Merkt euch das, wir sind es leid!
Schädling! Kauf! Sag: Ich bereue!
Letzte Schangsse: Weihnachtszeit.

Die Bank war schlecht

Die Bad-Bank ist nicht gut zurecht,
das Derivat rumort in ihr.
Ihr ist's zum Kotzen, übel, schlecht!
Die Bad-Bank leidet wie ein Tier.

Sie fiebert, röchelt, stöhnt, vibriert,
geschüttelt von der Infektion,
gleich wird der Zinsfuß amputiert,
der Schnitter wetzt die Sense schon.

Entwichen aller Lebensmut,
kaum hörbar ist der Atem noch,
das invalide Institut
pfeift leise aus dem letzten Loch.

Was ist das? Alter Fischsalat?
Welch ekelhafter Leichengoût!
Das ist das schlechte Derivat!
Der Letzte macht das Schließfach zu!

Die Bad-Bank geht ganz einsam ein,
weil sie so hundserbärmlich stinkt.
Kein Priester, kein Gesangsverein,
kein Schnaps, den man noch auf sie trinkt.

Kein Grab, kein Kranz, kein Gottesgruß,
noch nicht mal Vorstandspack im Frack.
Ein leises *Ratsch* vom Reißverschluss,
dann liegt die Bad-Bank kalt im Sack.

WEIHNACHTSMANN
Akrostichon-Sonett zugunsten
des unbekannten Investmentbankers

Weihnachtswermut würgend in der Kehle,
Erbrochenes am Kinn und auf dem Schuh.
Investmentbanker, suchst du deine Seele?
Hoffnungslos, das Institut hat zu.

Nicht ein Köter schenkt dir seine Flöhe,
Armut steht dir nicht, dir stand nur Geld.
Christen huldigen dem Herrn der Höhe,
Heucheln Mitleid, spenden Brot der Welt.

Trost erhalten heute nur die Armen.
Schau in deinen leeren Bettelhut,
Mann in Lumpen, keiner hat Erbarmen,

Alles, was du schnorren kannst, ist Wut.
Null Prozent von Nichts in leeren Händen,
Nicht mal Neider, schlimmer kann's nicht enden.

Der Piercing-Vertreter erzählt

Ich bin mein eigener Musterkoffer,
ich trage Metall hin und her.
Netto, das heißt also ohne Klamotten,
bin ich 200 Kilo schwer.

Morgen kommen noch zehn dazu.
Ich schieß sie mir durch die Wange.
Bolzen mit obenliegender Öse,
geklammert ans Ohr mit 'ner Spange.

Bin mal gespannt, ob ich's tragen kann,
der Orthopäde meint nicht.
Ich bin seit geraumer Zeit in Behandlung,
weil's mir im Nacken so sticht.

Das sei die extreme Ungleichbelastung,
seit ich den Amboss trage.
Hoffentlich bringt das Kontergewicht
den Kopf wieder halbwegs in Waage.

Ich kann's mir nicht leisten abzurüsten,
ich bin meine eigene Messe.
Jegliche Neuheit, ganz gleich wie schwer,
klopp ich mir in die Fresse.

Ich stehe in guter Tradition,
ich komme da ganz nach dem Vater.
Er litt zeitlebens an Hautinfektion
und starb als Avon-Berater.

Der Untergang II

Fünfzehn Mal war ich schon drin,
weil ich Kinoliebhaber bin.
Kann mich nicht sattsehn,
wie alle da draufgehn.
Ganz große Kunst! Ich muss hin.

Die Bestie macht mich nicht mau!
Ich schau sie mir an, diese Sau!
Sie sabbert und zittert,
verbunkert, verbittert,
in ihrem Führerverhau!

Ganz starker Darsteller, doch!
Wie Ganz den da darstellt im Loch,
so grauenhaft glaubhaft,
bis es ihn wegrafft,
das will ich sehn noch und noch.

Großer Geschichtsunterricht,
ein Film, der durch Spannung besticht,
durch Tempo und Rhythmus,
wo jedermann mitmuss,
und zwar ob er will oder nicht.

Ein Lichtspiel mit Säub'rungseffekt,
das tiefgründig reinigt, entfleckt,
Millionenerfolg hat,
ein Film wie ein Volksbad,
das schäumend den Lebensgeist weckt.

Der Untergang darf nicht vorbei sein.
Wann reicht man uns bitte Teil zwei rein?
Ein ganz starkes Stück wär:
Hitler, die Rückkehr!
Und dann stirbt es wieder, das Schwein!

Deutschland im Bastel-Herbst

Der Herbst, die Zeit des Bastelns naht,
der deutsche Baum macht schlapp.
Die deutsche Eiche fühlt sich fad
und wirft das Eichblatt ab.

Der deutsche Bastler nimmt es mit
zu sich ins traute Heim.
Dort snifft sein braver Sohn nicht Pritt,
er schnüffelt deutschen Leim.

Der Stamm blickt auf den Halter stolz:
Ich seh, du bastelst schon
und brichst wie ich im Herbst das Holz,
so ist es gut, mein Sohn.

Ach Alter, stöhnt der Jüngling matt
und dann noch was mit »fuck«,
press du doch einfach mal dein Blatt,
du gehst mir auffen Sack.

Was ficht dich denn so schrecklich an,
das dich zum Schimpfen zwingt?
Ist's wieder der Kastanienmann,
der einfach nicht gelingt?

Ist's wieder mal der deutsche Gruß,
der dich zum Jähzorn treibt?
Weil der Arm nicht, wie er muss,
gestreckt und oben bleibt?

Sei nicht so traurig, Bub, komm her
und lass das Weinen sein.
Siehst du, Basteln ist nicht schwer,
jetzt kleb das Eichblatt ein.

Und denk doch einfach national:
Kastanienmännchen raus!
So braun es ist, es sieht nun mal
nicht wie ein Deutscher aus.

VIER GRÜNDE, STOLZ AUF DEUTSCHLAND ZU SEIN
Eine Momentaufnahme im Jahr 2001

Ach, es gibt so viele Gründe,
stolz auf dieses Land zu sein,
heute Morgen auf dem Lokus
fielen mir die vier hier ein:

- Jenny Elvers' Mutterkuchen
- Gerhard Schröders vierte Frau
- Eff Jott Wagners feuchter Füller
- Jürgen Flieges Samenstau

Deutsche, ihr müsst nicht verkrampft
euch ins Stolzsein reinverbeißen,
macht's wie ich und lest ganz locker
jeden Morgen Bild beim Scheißen.

Halloween

Wenn im Herbst die Rübe glüht,
spuken wir von Nord bis Süd.
Wir ziehn uns als Gespenster an,
als Katholik und Muselmann.
Der eine geht als Sarrazin,
der andere als Muezzin.
Nirgends hört man ein Gegrummel,
der Papst boxt heut im Ratze-Fummel.
Auch Protestant schafft allerhand,
auf einem Bein noch keiner stand.
Halleluja und helau,
noch ein Likörchen, schöne Frau?
Frau Käßmann hat schon drei probiert,
sie klingt erstaunlich reformiert,
singt laut und neu in alter Frische:
Zum Wohl und Luther bei die Fische.

Nachtsitzung der Verhandlungskommission
(in der Nacht auf Aschermittwoch)

Achtzehn Stunden an dem runden
Tisch die Hintern durchgesessen.
Wörter aus dem Mund gewunden,
Brötchen mit Belag gegessen.
Hektoliter Kaffeelaugen
in den sauren Darm verklappt,
ab und zu mit zuen Augen
aus dem Albtraum rausgezappt.

Morgengrau vor Mikrofone
ins Foyer des Saals gekrochen.
Für die Journalistenklone
zum Versand was reingesprochen.
Ham ja auch, die armen Braven
tagesaktuellen Sklaven,
in der Dunkelheit gewacht
und die Nacht zum Tag gemacht.
Nichts gegessen, viel geraucht,
sich im Schichtdienst aufgebraucht
für die Tagesschau, für Heute.
Und aus Mitleid mit der Meute

nicht verraten, dass im Saal
mitnichten eine Sitzung war.
Die war den Herren schnurzegal,
sie soffen in der Kellerbar
und zogen still mit null Gebrüll

die Sache diskret vorher klar,
bevor sie dann mit zwei Promill
der somnambulen Presseschar
das sagten, was zu sagen war:

»Achtzehn Stunden an dem runden
Tisch um Kompromiss gerungen.
Geben jetzt ganz unumwunden
zu: Er ist uns gut gelungen.
Bitten um Verständnis,
es war hart, wir brauchen Schlaf,
Einzelheiten später, tschüss, Grüß Gott,
Helau, Alaaf.«

Die Leiden des alten Genossen

Ich habe im Fernsehn den Kanzler gesehn.
Ich sah ihn dort sitzen und gehen und stehn.
Und wie er so saß und so ging und so stand,
fragte ich mich: Ist dir eingtlich bekannt?

Worum's denn dem Kanzler im Grunde so geht,
wenn er sich hinsetzt, bewegt oder steht?
Beziehungsweise und überhaupt:
Was ihn so antreibt und woran er glaubt.

Das geht ja seit Jahren jetzt so mit dem Mann,
mal sitzt er, mal geht er, mal kommt er wo an.
Das sah man schon x-tausend Male und mehr,
das weiß man, doch weiß man auch: wo kommt er her?

Ich frage jetzt nicht nach der Geografie,
also kommt er aus Dings oder Bumms oder wie,
ich wüsste nur gerne: Was will er wieso?
Hat er 'nen Grund oder ist es nur so,

als täte er das, was er tut, sangwirmal
einfach nur so. Dann wär's ja egal.
Da könnt man mit leben, dann wüsste man ja,
der Mann will nur spielen – und alles wär klar.

Mir würd' das reichen, ich hab kein Problem,
mit stehenden Kanzlern, die gehen, doch wem
das nicht langt, wer fragt und wer bangt,
dem kann es passiern, dass er plötzlich erkrankt.

Und feststellt: es tut mir ja überall weh,
Moment - bin ich Mitglied der SPD?
Und wenn ich das bin, wer ist dann *der*?
Hab ich gepennt? Wie lang ist das her?

Dass der, der im Fernsehn behauptet er wär
Sozialdemokrat wie ich und noch mehr,
mein Chef, mein Kanzler, Erinnern fällt schwer.
Ich hab den gewählt? Dann schäm ich mich sehr.

Ach alter Genosse, so gräme dich nicht.
Die Wahrheit ist bitter, doch ebenso schlicht:
Du wusstest, das Leben ist kurz und beschissen.
Dass Schröder ein Sozi ist, musst du nicht wissen.

Das deutsche Lied vom Aufschwung

Fünfunddreißigstundenwochen
sind der Wirtschaft Untergang.
Darum lasst uns nicht mehr streiten,
aufstehn Deutsche, macht euch lang!

Längre Wochenarbeitszeiten
sind des Aufschwungs Unterpfand.
Danach lasst uns alle streben,
fünfzig Stunden für das Land!

Nehmt das Herz in beide Hände,
stört euch nicht an dem Verstand,
optimal sind sechzig Stunden,
steht nicht rum im Arbeitsamt!

Besser noch sind aber siebzig,
ziehet mit an diesem Strang,
euch zu edler Tat begeistern,
euer ganzes Leben lang!

Blühe auf im Glanz der Dummheit,
blühe, deutscher Arbeitsmarkt,
dafür lasst uns alles geben,
brüderlich zum Herzinfarkt!

Gesendet wird immer

Wir melden uns nicht aus Bagdad,
wir geben auch nicht nach Kuweit,
wir machen's heute mal anders:
Wir rufen jetzt Lüdenscheid.

Lüdenscheid – bitte melden!
Wir warten auf ihren Report!
Ich hör gerade aus der Regie –
wir ham keinen Mann dort vor Ort.

Dann rufen wir jetzt Meinerzhagen:
Meinerzhaaagen – wie geht es denn so?
Wir müssen die Frage vertagen.
Meinerzhagen ist grad auf dem Klo.

Das macht aber nichts, denn wir schalten
jetzt runter zum niederen Rhein.
Gibt es was Neues aus Neuss?
Alles beim Alten? Na fein!

Dann frag ich jetzt mal unsre Technik:
Wie wär's denn mit Hürth oder Hamm?
Ach, wir ham aus Hamm und aus Hürth nichts.
Na, dann blase ich jetzt auf dem Kamm.

Bsssss
Bsssss

Freiheit und Heimatkunde, oder: Deutschland wird immer noch am Hindukusch verteidigt

Auf Veranlassung von Bush
verteidigt man am Hindukusch,
Deutschlands Freiheit, mithin deine,
meine, ihre und auch seine.

Also von uns allen vier!
Ihre, seine, die von mir,
deine und die von Struck, Peter,
gegen Freiheitsübeltäter.

Fümwe sind wir also jetzt,
die, wo werden nicht verletzt,
weil dort Kämpfer und nicht Luschen
kämpfen und nicht hindukuschen.

Das ist nett, ich danke sehr,
allen von der Bundeswehr,
die am ... äh ... wie hieß die Gegend?
Ach, das macht mich jetzt verlegend ...

Liegt das hinten oder vorn?
Bei Haminkeln? Paderborn?
Oder an den deutschen Rändern?
Etwa in den neuen Ländern?

Krücklitz? Schnösen? Wurstenbrot?
Ist die Freizeit dort bedroht?
Frei*heit*! Mann, da legst di nieder!
Hindukusch! Jetzt hab ich's wieder!

Wo immer aber Hindu ... dings,
ist, ob oben unten hinten links ...
Hindu liegt im Unbekannten,
Deutsche, schaut in die Atlanten.

Hindu hindu ... sag mal, du,
kennst du dieses Hindu ... puh ...?
Alle führen es im Munde ...
... ich bin schlecht in Heimatkunde.

PATIENTENPASSION

Das Krankheitssystem muss in Rente gehn.
Das Rentensystem muss zum Arzt,
die Ärzte müssen vor Hunde gehn
und dann gehen alle zum Hartz.

Die Hartz-Kommision hat ein Plan-Problem,
den Plan kann keiner verstehn.
Müssen die Pläne ins Rentensystem
oder zum Ohrenarzt gehn?

Der Ohrenarzt hat ein Beitragsproblem,
die AOK tut nichts raus.
Wer tut denn was in die Kasse von wem?
Und außerdem sterben wir aus.

Drum müssen die Deutschen ja Ausländer nehm'
und schicken sie wieder nach Haus.
Schizophrenie ist ein Inlandsproblem,
da kennt der Psychiater sich aus.

Der Psychiater hat ein Steuerproblem
und muss rasch ins Ausland fliehn.
Die Lage zu Hause ist wirklich extrem,
der Kanzler ruft nach Berlin

zur Tagung der Koordinierkommission:
Wir retten das Rettungsproblem.
Das ist die deutsche Patientenpassion:
Jammer und Leid mit System.

Offener Brief an den Vermittlungsausschuss
betr.: Wachstumsimpulse

Sehr geehrter Vermittlungsausschuss,

wir hörten und lasen, und schon wird's privat,
dass Sie sozusagen als Obrigkeitsstaat
sich mischen, und da gehn Sie deutlich zu weit,
in Sachen, die machen wir lieber zu zweit.

Es gibt da so Sachen, die gehn Sie nichts an,
dazu gehören – jawohl! – Frau und Mann.
Reden wir nicht mehr länger drumrum:
Jeglichen Eingriff ins Untenrum

verbitten wir uns, das ist nicht Ihr Tisch!
Sie sind doch wohl obenrum nicht mehr ganz frisch!
Für »Wachstumsimpulse« jeglicher Form
brauchen wir keine – wie heißt das? – Reform.

Die setzen wir selber, aus eigener Kraft,
und zwar wenn's uns passt, als Körperschaft
intimer Natur, verstehen Sie das?
Finger weg, Ferkel! Sonst setzt es was!

Wenn sonst noch was ist, Vermittlungsausschuss,
vermitteln wir selbst und machen jetzt Schluss.
Sie halten sich raus, wir rufen nicht an.

Schön' Gruß, gezeichnet:
Mein' Frau und ihr Mann.

Rabattrepublik

Wer sagt denn immer, die Deutschen
hätten im Leben kein' Schpass?
Wir sind so ein fröhliches Völkchen,
wir spaßen ohn' Unterlass.

Wir kennen so viele Wörter,
die sich auf »Spaßhaben« reimen,
unsre oberste Spaßmaßnahme
lautet »Finanzämter leimen«.

Da entwickeln wir streng gute Laune
und geben uns ernst einen aus,
überhaupt wern wir erst richtig locker
beim Knausern auf Teufel komm raus.

Beim Geizen werden wir geil,
und bei »Supersparpreisaktion«
kommen wir gar nicht mehr runter,
sind voll und ganz Erektion.

Be-Lidln uns bis zur Erschöpfung
und Aldi-en und Plus-seln uns tot,
stoßen mit preiswertem Schampus
an aufs Final-Angebot.

Lustig gehen wir zugrunde
im günstigen Sarg vom Discount,
im letzten Hemd ohne Taschen,
kalt, aber bestens gelaunt.

Mit dem Angebot tot in die Grube,
was für ein billiges Glück,
von miles and more noch 10 Punkte,
letzte Ruhe Rabattrepublik.

Beim Läuten der Zwiebel
Einem deutschen Großdichter

War immer ein Mahner!
War immer Gewissen!
Hab nicht immer wollen,
doch hab immer müssen!
Ich dachte stets quer und stachelte gegen!
Ich musste die Finger in Wunden legen!

Hab niemals geschwiegen!
Hab lauthals geschrieben!
Hab niemals gezeichnet!
Hab immer gerieben!
Ich dachte stets kreuz und dichtete quer!
Und wurz kein Gedicht, dann wurz eine Zeichnung.

War immer dafür,
gegen Striche zu bürsten!
War Senf im Getriebe!
War Rufer in Würsten!
Hab immer gewarnt und ermahnt und gedeutet!
Und schließlich und endlich die Zwiebel geläutet!

»Bis zur Grenze gefordert, können wir alle mehr, als wir wollen.«
Reinhold Messner zum 65. Geburtstag

Affentanz im Gipfelglanz

In Nepals Bergen steht ein Zelt,
im Iso-Sack schnarcht unser Held.
Ein Sternschnupp bumms vom Himmel fällt,
direkt aufs Dach der Welt.

Der Sternschnupp rummst ins ewge Eis
und fängt sich prompt einen Verweis.
Herr Nanga Parbat flucht: Geschmeiß!
Du Arsch! Das war mein Steiß!

Frau Sonne hat den Krach gehört
und schrillt: Ich bin total verstört!
Das ist ja wirklich unerhört!
Ich geh jetzt auf! Empört!

Das war's dann mit Silentium,
in Nepal ist die Nacht nun rum.
Der Held, geweckt, erschreckt, fragt dumm:
Ein Zelt? Wieso? Warum?

Die Sonne knittelt: Wunderbar,
da ist ja unser Superstar,
kaum zu glauben, aber wahr,
der Reinhold wird heut fümmensechzig Jahr
in unserem schönen Himala …
… na ja, war'n Versuch wert.

Heraus, Herr Jubilar, zackzack,
heraus aus Falle und aus Sack,
die Hose an und Anorak!
Zum Gipfel, altes Wrack!

Ob dieser Schärfe reagiert
uns Reinhold etwas indigniert:
Warum denn, fragt er affektiert,
wird mir nicht gratuliert?

Applaudiert wird prompt, sofort,
darauf hast du das Ehrenwort,
im Anschluss an den Weltrekord.
Wir wünschen großen Sport.

Bekraxel einen neuen Grat
und tu, was niemand vor dir tat.
Bespring den Parbat im Spagat,
spiel mit dem Yeti Skat.

Mach da oben laut Tamtam
und schlag am Gipfelkreuz Bimbam,
hol dir von Gott ein Autogramm,
gewidmet Dalai Lamm.

Reinhold, das Geburtstagskind,
sinnt nicht lange, springt geschwind,
gemsengleich mit Rückenwind,
Parbat denkt, der spinnt.

Da macht der Held im Gipfelglanz
einen wilden Affentanz
und schreit, man hört's noch auf Distanz:
Zu Hilfe! Ambulanz!

Frau Sonne hat ihr Licht zentriert,
das Leiden diagnostiziert,
gesehn, dass Messner unten friert,
und wärmetherapiert.

Ab morgen steht in den Annalen:
»Messner litt in Höhen Qualen
wie kein andrer der Rivalen,
stieg als Erster in Sandalen

auf Achttausend – ein Triumph
ohne Sinn und Strumpf.«

P.S.:
Im Himalaya-Massiv
stand Frau Sonne lange tief,
wollt und wollt nicht untergehn,
denn das Lied war doch so schön.
Selbst Herr Parbat fiel mit ein
und erweichte manchen Stein:
Happy birthday Reinhold M.
bleib noch lange so plemplem …

Freundschaftswoche des deutsch-arabischen Schlagers

Top 6

Mild Malt Muezzin (Cindy al Bert)

Gute Nacht, Brüder,
ich kann euch schon doppelt sehn.
Was ich noch zu saufen hätte,
hier auf meinem Minarette,
lass ich mal bis morgen stehn.

I Bin Laden (Petar al Radenkovic)

I Bin Laden, I Bin König,
alles andre stört mich wenig,
was die andren Leute sagen ist mir gleich, gleich, gleich.
I Bin Laden ja ja ja
I Bin König ja ja ja
denn ich bin ein weltbekannter Scheich (cha cha cha).

Sexy heiße Hexe (Mullah Westernhagen)

Du machst Falafel, für die es keinen Waffelschein gibt
Du machst Falafel, für die es keinen Waffelschein gibt
Sexyyyyyy …

Schwattet Blutt/Verdampter Teer
(Nied el Decken)

Verdampter Teer, vun dän dä Bush jeträumt hat
verdampter Teer, und all datt Blutt wa schwatt
verdampter Teer, verdampter
verdampter Teer ... (usw.)

Abenteuersand (Hamut al Engler)

Komm mit mir ins Abenteuerland
der Eintritt kostet ein Pfund Sand
und ich schieb ich schieb ihn
schieb ich schieb ihn
schieb ihn für dich fest

Die Karawane schreit Eiter (Al de Höhner)

Die Karawane schreit »Eiter, der Sultan is krank,
dem Allah sei Dank, dem Allah sei Dank ...«

Im Kabarett
Eine Rezension

Im Rahmen des Vertretbaren
sämtliche dem Publikum bereits
bekannten Namen genannt!
So gesehen also keine Verwandten gekannt!

Viel, sehr viel
Wortspiel.

Dann brach er ein Tabu.
Es hatte etwas Goût.

Zufriedene Kunden!
Finger in Wunden
gelegt!
Auch Salz
gestreut!
Saal rrrichtich
außer sich.
Hoch soll er leben.
Zugabe gegeben.

Jeder kriegte sein Fett!
Im Kabarett war's wieder recht …

Herr Komödiant,

Sie warn zurecht dafür bekannt,
dass Sie das Publikum verschonten
mit lästigem Gesang.

Stattdessen, wie es sich gehört, belohnten,
mit eigenem Gedankengang.

Sie waren zuverlässig schnell
und hatten Sie 'nen hellen Tag,
dann warn Sie orginell.

Neuerdings nimmt man Sie wahr
als sogenannten Fernseh-Star.

Ich sah Sie dort und nicht sehr gern.
Sie waren langweilig wie Geld.

Herr Komödiant, es liegt mir fern,
Ihnen das Einkomm' zu verübeln.
Gestatten Sie mir nur den Rat:

Sie sollten wieder grübeln.

Mit mir auf Sportplätzen

Die Leder wassersatt und alle Böden tief,
kein grüner Rasen war, wo seine Bahn verlief.

HERRGOTT, HILF HORST!
Eine Fürbitte

Lass uns tiefe Räume finden,
lass uns eng und sicher stehn,
lass die Kräfte uns nicht schwinden,
lass uns freie Männer sehn.

Lass uns hinten keinen kriegen,
mach, dass uns das Glück mal lacht,
lass uns heute vorne liegen,
mach, dass Horst heut einen macht.

Horst traf sonst aus allen Lagen,
links wie rechts und früh wie spät.
Trifft heut keinen Möbelwagen,
wenn er direkt vor ihm steht.

Horst hat jetzt seit dreizehn Wochen
keinen für uns reingehaun,
Horst hat voll die Pest am Knochen,
ist nur noch am Scheißebaun.

Herrgott, Horst darf nicht versieben!
Gib ihm eine Möglichkeit!
Loben wolln wir dich und lieben:
Hoch die Tür, das Tor mach weit!

HÄNDE WEG!

Allen forschen Platzreportlern:
Lasst die Hände weg von Sportlern,
wenn sie tropfend nass vom Kampf,
jetzt im Winter unter Dampf,
in die Ruheräume sollen!

Lasst die Mikrofone stecken!
Wenn die Spieler unter Decken
nach dem Spiel ins Warme eilen,
haben sie nichts mitzuteilen,
was wir dringend hören wollen.

Fragt nicht wie's dem Schweini ging,
als das Ding im Netze hing,
Schweinis Antwort ist bekannt,
weil es Schweini »super« fand,
soll er ungefragt sich trollen.

Soll sich duschen und frisieren
und dann schnell privatisieren.
Soll sich rasch nach Haus verdrücken
und die Spielerfrau beglücken.
Soll uns nichts mehr sagen sollen.

Glück 04

Das weiche Licht des Sieges flutet Seelen
und lebt fortan in ihnen wie ein Traum.
Das Dunkel kalter Angst kann ihn nicht quälen,
dem inne ist ein wonnig warmer Raum.

In stillem Schlaf Triumph so zu erleben,
geborgen in Gewissheit blauer Nacht,
als hätte Glück auf ihn sich übergeben
und hielt auf seiner Brust für immer Wacht.

Wer so beschenkt ist, spreizt nicht das Gefieder
und schwingt sich fort zu einem fernen Stern.
Er weiß um seinen Ort, er legt sich nieder

und wohnt dort sehr in sich und selbst und gern.
Voll mit sich zufrieden, ganz im Reinen,
in Arenen hinter Glasbausteinen.

Mehr Tore, mehr netto*

1. Spieltag
Der Torwart geht zum Kreidestrich.
Der Kopf gesenkt. Konzentration.
Begrüßt vom Chor der Südtribüne:
Arschloch, Wichser, Hurensohn.

2. Spieltag
Der Feldreporter trägt heut Schwarz
und zeigt auch stimmlich Emotion.
*Der Torwart geht nicht mehr aufs Grüne,
but you will never walk alone.*

3. Spieltag
Mehr netto! brüllt die Stadionbank,
die Südtribüne freut sich schon.
Ein neuer Torwart auf der Bühne?
Arschloch, Wichser, Hurensohn.

---

* Robert Enke, der Torwart von Hannover 96, hatte sich das Leben genommen. Am 15.11.2009 fand in der AWD-Arena Hannover die öffentliche Trauerfeier statt. Der Sarg wurde im Mittelkreis aufgestellt. Die Veranstaltung wurde live im ARD-Fernsehen übertragen. Aus Gründen der Pietät hatte man die Stadionwerbung mit Tüchern verhüllt. Mit einer Ausnahme: Der Slogan des H96-Sponsors AWD (Finanzdienstleister) »Mehr Tore, mehr netto« war im Bild zu sehen.

Den verspielten deutschen Frauen
zum WM-Gewinn (2007)

Wie viel schöner, deutsche Frauen,
wart Ihr im finalen Spiel!
Nicht den Männern zuzuschauen,
sondern euch, das gab uns viel!

Eifertet nicht mit den Kerlen,
waret weiche Eleganz.
Nicht wie Austern, wart wie Perlen,
schimmernd, schillernd, voller Glanz.

Sandra, Saskia und Simone,
Silke, Sonja und Babett,
Dank gebührt euch, dass ihr ohne
Häme im Triumph bliebt nett.

Nicht vom Stamm der Kraft & Meier
wart ihr, deutsche Fraumannschaft,
wart nicht dicker Hals und Eier,
wart verspielte Leidenschaft.

Ohne Fäuste und Gebisse,
Kerstin, Linda und Nadine,
ohne Hirn- und andre Risse
freutet ihr euch feminin.

Sofft nicht aus der Torwartmütze,
trankt aus Kelchen, Birgit, Anja.
Rocht nicht schal wie Bierhoffpfütze,
sondern dufte wie Schampanja.

Offener Brief an die Fussballweltmeister 2006
Betr.: Bleibt zu Gast bei Freunden

Adorare mondiale campione,
verehrte Herren Weltmeister
Gianluigi Buffon, Gianluca Zambrotta, Fabio Grosso,
Fabio Cannavaro, Marco Materazzi, Alessandro Nesta,
Vincenzo Iaquinta, Francesco Totti, Mauro Camoranesi, Simone Perrotta, Alessandro Del Piero, Andrea
Pirlo, Gennaro Gattuso, Luca Toni, Alberto Gilardino.

Fratelli, dieses Fest ist das finale.
Jenseits aller Alpen wartet Alb.
Singt noch einmal seelenvoll »volare«.
Fliegt und siegt und küsst das goldne Kalb.

Vincitori, nutzt die Gunst der Stunde,
in der Heimat wartet nur der Knast.
Spielt doch einfach hier die nächste Runde,
unsre Liga hat euch gern zu Gast.

Euer Calcio schläft schon bei den Fischen,
in Germania ist er grundgesund.
Nehmt doch Platz an unsren grünen Tischen,

unterzeichnet die Kontrakte, und
wenn ihr wetten wollt, ist's auch kein Ding,
zeige ich euch gern das Café King.

A sportivo dare il benvenuto a
Fritz Eckenga

NIEDERSCHRIFT DER AUSSAGE ZINÉDINE ZIDANES VOR DEM DISZIPLINARAUSSCHUSS DES WELTFUSSBALLVERBANDES FIFA BZGL. SEINER TÄTLICHKEIT GEGEN MARCO MATERAZZI IM ENDSPIEL UM DIE FUSSBALLWELTMEISTERSCHAFT 2006 ZWISCHEN ITALIEN UND FRANKREICH (5:3 I. E.)

Als er meine alte Mutter
eine dumme Puta nannte,
die's mit tausend Hunden treibt,
habe ich ihn nicht entleibt.

Als er daraufhin, ich schwöre,
sagte, dass sich meine Schwester
gegen Geld prostituiert,
habe ich ihn nicht kastriert.

Als er dann, Messieurs, tatsächlich,
mich 'nen Hühnerwemmser schimpfte,
der zur Not auch Schafe poppt,
hab ich ihn nicht umgekloppt.

So weit, so gut, so fußballüblich,
doch er gab und gab nicht Ruhe,
machte mir ein Angebot,
danach machte ich ihn tot.

Er klagte mir sein Liebesleid
und sprach von Gleichgeschlechtlichkeit.
Nennen Sie es Ehrenmord.
Mir ging's um den Fußballsport.

Leben wie Ball in Frankreich

Der Ball war krank, wollt Medizin
und ging zum Doktor Zinédine.
Der untersuchte ihn zu Fuß
und passte flach mit schönem Gruß
zur weitren Physiotherapie
den Ball zum Sportarzt Ribéry.
Der trieb ihn zum Laktatentest
und schrieb ihm anschließend Attest:
Patient ist physisch kerngesund,
peut-être in der Psyche wund,
empfehle Pflege an der Seele
bei'm Kollegen Makelele.
Der diagnostizierte Stress,
ein Angstsyndrom, genannt »Barthez«,
enorme Rückpasstraumata,
da hilft nur Kurarzt Vieira.
Doktor Vieira war nett,
baute ihm ein weiches Bett
zwischen seinen sanften Füßen,
überwies mit schönen Grüßen,
ausgesprochen liebevoll,
weiter an Doktor Sagnol.
Der Ball begann sofort zu eiern.
Schrie: Mondieu, nicht zu dem Bayern!
Doktor Vieira war klug,
überlegte kurz und schlug
einen Haken, und dann flankte
er den Ball, der sich bedankte,

für die beste Medizin,
auf Professor Zinédine.
»Lasst mich hier, für lange Zeit,
gern für alle Ewigkeit.«

Weil er dort noch heut verweilt,
gilt der Ball als ausgeheilt.
Lebt ein komfortables Leben,
so wie Ball in Frankreich eben.
Zwischen seinen Schuhn ist Ruh,
merci bien, Docteur Zizou.

ORKAN DONDOR
*Für David Odonkor, der im Fußballsommer 2006
manchmal so schnell rannte, dass er mit dem bloßen
Auge nicht zu erkennen war.*

Ach, das deutsche Tier war zahm,
riss nichts, äste lieber,
käute friedlich wieder,
dann fraß links die Bestie Lahm

fünfzig Meter Außenbahn,
ohne »ach und leider«,
schnitt er scharf auf Schneider.
Aus dem Hintergrund, wie Rahn,

hoffte man, er schlösse ab,
schösse einfach eini,
doch er gab auf Schweini,
der vergab nur knapp.

Ach, das Netz hing weiter schlaff
an den weißen Pfosten.
Dann kam tief von Osten
Sturm auf namens Miroslav.

Alle Anker rissen los,
Gegners Schiffe sanken,
David auf den Flanken
wurde riesengroß.

Orkan Dondor raste vor.
Stürmer ohne Grenzen.
Miro schrie: Jetzt schlenzen!
David schlenzte, Miro, Tor.

FUSSBALL-WM 2010
DIE WICHTIGSTEN VORRUNDENSPIELE
IM ÜBERBLICK

Gruppe A, 17. Juni
Frankreich – Mexiko = 0:2
Der Stürmerstar der Grand Nation
nennt seinen Trainer »Hurensohn«,
empfiehlt ihm »f. D. i. d. Po«,
die Chance nutzte Mexiko.

Gruppe B, 17. Juni
Argentinien – Südkorea = 4:1
Kein Messi, der den Ball verliert!
Kein Trainer, der die Linie zieht!
Argentinien ist kuriert,
völlig clean und Favorit!

19. Juni, Gruppe E
Kamerun – Dänemark = 1:2
Ich hatte sonst nicht viel zu tun,
drum war ich mal für Kamerun.
Kamerun war anfangs stark,
doch später kam dann Dänemark.

21. Juni, Gruppe G
Portugal – Nordkorea = 7:0
Kim Jong Il, du bist das Licht
uns hat heut dein Strahl gestriffen.
Niemand, der die Jong-Jungs bricht!
Heute wurden wir verpfiffen.

28. 06. 2012, EM-Halbfinale Deutschland–Italien 1:2
DAS BAYERN-GEN

Und wieder sieht man, was man kennt:
Herr Gomez steht, statt dass er rennt.
Und wieder weiß man, dass nichts geht,
weil vorne nur Herr Gomez steht.

Herr Gomez kommt nicht an den Ball.
Herr Gomez kommt nicht mal zu Fall.
Er kommt nicht an das Spielgerät.
Er kommt nur einen Schritt zu spät.
Und wieder kommt, was kommen muss:
Herr Gomez nicht zum Torabschluss.

Man schaut jetzt schon so lange zu,
Herr Gomez bindet sich den Schuh.
Herr Gomez richtet die Frisur.
Man schaut betreten auf die Uhr.

Und sieht, dass jeder Zeiger steht,
und sieht, dass nichts nach vorne geht.
Das Mittelfeld dehnt Raum und Zeit
und spielt seit einer Ewigkeit:
B r e i t.

Herr Kroos spielt b r e i t.
Herr Lahm spielt b r e i t.
Herr Kroos spielt b r e i t.
Herr Lahm spielt b r e i t.

Und während Gomez vorne steht,
wird um ihn rum das Feld gemäht
und neuer Rasen eingesät.

Herr Kroos spielt b r e i t.
Herr Lahm spielt b r e i t.
Herr Kroos spielt b r e i t.
Herr Lahm spielt b r e i t.

Andernorts macht Boateng
mit Badstuber die Räume eng.
Drum geht es hier von vorne los.
Herr Lahm spielt b r e i t, und zwar auf Kroos.

Herr Kroos spielt b r e i t.
Herr Lahm spielt b r e i t.
Herr Kroos sp …

… es tut mir leid, ich weiß, das ätzt.
Ich hör auch auf, das kenn' wir jetzt,
und spul mal fix zum Ende vor:

Herr Neuer kriegt ein Gegentor.
Das Fußballspiel wird immer breiter,
Bayern wird wie immer Zweiter.

Dann noch das, was alle kennen:
Schweinsteiger und Müller flennen.
Gomez gibt ein Interview
und gibt unumwunden zu:
Wieder konnte man es sehn,
die Mannschaft hat das Bayern-Gen.

DAS BAYERN-GEN
(Vol. 2)

Und
haben
wir
keinen
mit
drei
linken
Beinen,
dann
kaufen
wir
einen.

Fußball-WM 2014
BELIEBTES DEUTSCHLAND

Den Deutschen mag man international
für eleganten Straßenkarneval,
für tolerantes Brot und leises Bier,
für Kreativität mit Altpapier.

Drum gilt der Deutsche auswärts als Sympath,
er ist sowohl vereinzelt wie als Staat
aus den genannten Gründen sehr beliebt,
vor allem aber, weil er gerne gibt.

Der deutsche Papst gab jeder Seele Segen,
der deutsche Präsident den Wüsten Regen.
Der deutsche Markt gibt allen Menschen Spar,
die Deutsche Bank den Griechen noch ein Jahr.

Die Abneigung der Welt hat sich gelegt,
auch weil Herr Löw sich mit Nivea pflegt.

Respekt

Hau mich hart, Matthias Sammer,
klopp mich mit der Botschaft platt,
schwing den Doppelwortschatzhammer,
triff mich vollrohr, setz mich matt.

Knall sie raus, die beiden Dinger,
halt sie nicht im Mund versteckt,
straf mich mit dem Zweifachschwinger,
sag »Charakter«, sag »Respekt«.

Sag »die Mannschaft hat Charakter«,
sag »die Mannschaft hat Respekt«,
»viel Respekt vor dem Charakter«
und dann sag: »Im Endeffekt

hat die Mannschaft den Respekt
einer Mannschaft mit Charakter«,
bis es mich lang niederstreckt.
Sodann leg ich mich ad acta.

*Als dieses Gedicht entstand, machte sich der Angedichtete
noch bei Borussia Dortmund beliebt. Mittlerweile hat
der sympathische Charismat zu dem Arbeitgeber gefunden,
der wirklich zu ihm passt.*

Auf der Suche nach der verlorenen Zeit
Marcel Proust meets Gerd Rubenbauer

Oben am Steilhang
fährt Hilde das Tor an.
Auwei noch mal gutgang,
sie war etwas spät dran.

Hopp hopp komm jetzt Hilde,
das Gold kannst du kriegen –
doch da lässt die Wilde
'ne Hundertstel liegen.

Jetzt steht sie und kuckt dumm
am Gleitstück und sucht,
gräbt allen Schnee um,
vergisst sich und flucht:

»Scheißzeit, wo bist du?
Kumm her, blöde Sau.
Wann i di kriag du,
hau i di blau.«

Im Mai wurd' die Hilde
geborgen von Hunden.
Die Hundertstel hat man
nie wiedergefunden.

Dem unbekannten ZDF-Skireporter

In alpinen Sprechkabinen,
im Container-Sarkophag,
musst du dir dein Geld verdienen,
jeden kalten Wintertag.

Nase voll von der Gefährtin,
die schon ewig bei dir sitzt,
jener Abfahrtslaufexpertin,
die so in den Achseln schwitzt.

Schaust durch blinde Plexischeiben,
Schatten, grau auf grauem Grund,
Latten, die vorübertreiben
in Sekunden, Stund um Stund.

Wund der Mund vom Emittieren
heißer Luft ins Mikrofon,
rau der Schlund von zu viel Bieren
zwischen Kitz und Montafon.

Doch du musst dich weiterschinden
in der transportablen Gruft,
atemlos die Wörter finden
in zu dünner Höhenluft.

Lästig, dieses Lungenkratzen,
eklig, dieser Speichelfluss,
bloß nicht stottern, bloß nicht schmatzen,
sag was! Irgendeinen Stuss!

Irgendwas zu Bode Miller,
den die Kamera schon zeigt,
neben dir riecht's immer stiller,
die Expertin schwitzt und schweigt.

Panik, Angst und kein Gedanke,
der den Mund mit Silben füllt,
stickum sitzt du im Gestanke,
nichts, das in die Leere brüllt.

Nein, du wirst es nicht vergeigen,
weil du es noch immer kannst!
Ja, du wirst noch einmal zeigen,
dass du mit den Wörtern tanzt

wie der Miller mit den Muckis
über Pulver, Eis und Firn,
mit den letzten Rucki-Zuckis
dieser Masse namens Hirn

bringst du's noch mal zur Vollendung,
Hundertstel vor Ziel und Schluss,
kurz vor Ende deiner Sendung,
hast du noch mal Worterguss.

Lob und Preis und Ehrenplatz
dir gebührt für diesen Satz,
versendet aus den Dolomiten,
weltweit via Satelliten:

»*Bode Miller hat die Muckis,
um den Eisplatten die Stirn zu bieten!*«

BALLADE VON DER LABORTECHNISCHEN ASSISTENTIN, DIE UMSATTELTE UND SO DAS GLÜCK FAND

Der Leistungssportler? Voll verlogen!
Hat sich alles reingezogen.
Log, bis sich die Balken bogen:
Nee, ich nehme keine Drogen.

Weiß ja jeder, dass er's tat.
Nur mit vier Pfund Obstsalat,
die er in den Beinen hat,
fährt er niemals so schnell Rad.

Ham doch alle Dreck am Stecken.
Käm' doch alle nicht vom Flecken.
Ob auf Laufbahn, ob im Becken,
alle würden sie verrecken

oder sich total verspäten,
wenn sie sich nicht spritzen täten
in die Muskeln, in die Gräten.
Platzen doch aus allen Nähten.

Pfeifen aus dem letzten Loch.
Kuckt nur hin, dann seht ihr's doch:
Einem suppt das Epo noch
aus der Ader, die er stoch.

Wie man so mutieren kann.
Schaut euch diese Monster an.
Sind ja weder Frau noch Mann.
Starten für Testosteran.

Die Visagen voller Pickel.
Dopingpflaster am Testikel.
Sehn nicht aus wie Scherzartikel,
sondern wie Laborkarnickel.

Und am End der Nahrungskette
hängt die LTA, die nette,
in der Linken Zigarette,
rechts die Pipi-Prüf-Pipette.

Hadert mit dem Missgeschick.
Hat das Gelbe stets im Blick
und den Job schon lange dick.
Testet täglich zehn Kubik.

Blinzelt in das Neonlicht.
Zieht nach der Zwölfstundenschicht
Atemmaske vom Gesicht
und beschließt: Ich will das nicht!

Will mich nicht damit begnügen,
diesen Menschen zu genügen.
Menschen tricksen, Menschen lügen,
Menschen fixen und betrügen.

Menschen raffen, Menschen gieren.
Wahre Unschuld wohnt in Tieren.
Will mich künftig engagieren
nur bei Reit- und Springturnieren.

Pferde sind seitdem ihr Glück.
Prüft jetzt fünfhundert Kubik.

Sportler nicht essen

Den Sprinter schien ein Jet zu ziehn,
er schoss raketengleich ins Ziel.
Ein Monoblock aus Protein,
ein Triebwerk mit Humanprofil.
Im Stadion roch's nach Kerosin.

Der Radler war zum Piz geflitzt,
geräuschlos, wie's der Adler tut.
Ganz federleicht und ungeschwitzt,
mit Auftriebsadditiv gespritzt
ins frisch pürierte Eigenblut.

Der Schwimmer schwamm im Butterfly
so schnell wie niemand je zuvor,
mit Schwimmerhaut, geklont aus Hai,
und auch die Schwimmer-Innerei
kam maßgefertigt vom Labor.

Nach Hymnen, Gold und Schlussapplaus
kam selbstverständlich alles raus.
Die Pipi-Tests bewiesen klar,
dass kein Rekord natürlich war.

Die Presse machte auf Skandal,
das Komitee auf voll brutal.
Die Siege wurden aberkannt,
die Sieger lebenslang verbannt.

Das Publikum hat abgeklärt
die Stars auch weiterhin verehrt:
Es ist uns wurscht, hört auf zu messen,
wir woll'n die Doper ja nicht essen.

P.S.: ... und auch nicht das Pferd
von Isabell Werth

Le Tour de France dix-neuf-quatre-vingt-dix-neuf sans moi
20 Etappen und ein Prolog

Prologue
Ich schaute nur zu
In Le Puy de Fou
Mein Blut war zu zäh
Première passée

1
L'etappe perdue
In Montaigu
Ich ging nicht zum Start
Mein Blut war fast hart

2
Challans/Saint-Nazaire
Mein Blut war trop schwèr
Le Kreislauf en panne
Also trat ich nicht an

3
Mein Blut blieb zu dick
Ein trauriger Blick
Von Nantes nach Laval
Vachement fatal

4
Encore une fois
Entre Laval et Blois
Le 5ème Streich
Mein Blut wurd' nicht weich

5
Ich strotzte vor Kraft
Dicker Sirup statt Saft
Bonneval/Amiens
Le docteur dit: Rien!

6
Maubeuge en Belgique
Mein Blut war wie Schlick
Schon morgens war Schicht
Ich radelte nicht

7
Avesnes-sur-Helpe
Ein anderer in Gelb
Hôpital Thionville
Mein Blut stand still

8
Mets/Metz mit dem Bus
Vom Fenster ein Gruß
Ans Peloton
In den Adern Beton

9
Zu Fuß ging ich's an
In Le Grand-Bornand
Mein Blut wurde Teer
Hoch nach Sestrières

10
In den Alpen das Tief
Mein Blut war massiv

Sestrière/L'Alpe d'Huez
Stress, Stress, Stress, Stress

11
Wegen Hämatokrit
Nahm man mich mit
Ab Le Bourg-d'Oisans
Avec l'ambulance

12
In Saint-Galmier
Blut wie Gelée
Dieselbe Tour
Ich fuhr nicht nach Flour

13
Au matin en Saint-Flour
Mein Blut blieb trés stur
Der Kopf weich wie Brie
Albi sah ich nie

14
Saint-Gaudens mit der Bahn
Ich lag völlig plan
Dickblut tat weh
Vom tête bis zum Zeh

15
Hypertonie
In Piau-Engaly
Ich blieb suspendiert
Und war konsterniert

16
Auf dem Teilstück nach Pau
Probiert' ich's mit eau-
Und Salzinfusion
Es blieb Illusion

17
Mourenx bis Bordeaux
Château auf Château
Abusus Paulliac
Mein Blut wurde Schlaque

18
Und blieb's bis Jonzac
Ich trampte als Wrack
Erreichte gottlob
Das Futuroscope

19
Entscheidung pur
Gegen die Uhr
Jeder für sich
Wie gehabt ohne mich

20
In Paris keine Gnade
Ich blieb sehr malade
Mein Blut war purée
Auf den Champs-Élysées

OLYMPIA 2004 RUFT DIE JUGEND DER WELT

Ich rufe die Jugend der Welt
ins Olympia 2004.
Jugend, was hassu bestellt?
Zwei Ziki, zwei Gyros, zwei Bier.

Jugend der Welt, bissu hier?
Nimmssu mit oder setzu dich hin?
Hier hassu schommal die Bier.
Sitzu draußen hin oder hier drin?

Jugend der Welt, is Bier kalt?
Grillplatte Zeus gipps heut auch.
Is ganz billich, muss weg, weil is alt,
alles drauf, richtig viel inne Bauch.

Alles klar, zweimal Zeus, nochwas sonz?
Zweimal Ouzo und nochmal zwei Bier.
Ouzo auf Haus is umsonz
für die Jugend der Welt an Tisch vier.

Is was los in Olympia heut,
mussu warten bestimmt halbe Stund.
Jugend der Welt sind viel Leut,
siehssu selbss, Bude voll volles Pfund.

Willzu zwischendurch nochmal zwei Pils?
Oder jezz lieber ganz lecker Wein?
Is egal, Jugend, trink, wassu willz.
Dabei sein is alles, hau rein.

In Olympia kost nich viel Geld!
Essen is fettich und frisch!
Ich rufe die Jugend der Welt:
Aber wehe, du kotzt auf den Tisch!

25.05.2012, Champions-League-Finale. Borussia Dortmund – Bayern München 1:2. Bis zum Anpfiff war diese Wahrsagung wahr. Kurz danach nicht mehr. Doch auch im Nachhinein müssen mir wirkliche Sportsfreunde recht geben: Mit dem wie folgt beschriebenen Spielverlauf hätte die Welt besser leben können.

Die letzten fünf Minuten von Wembley

Thirteen five twenty five,
Dortmund – Bayern live.
England, London, Wembley-Roar,
keiner schreit mehr: Borussia vor.

London schickt wie immer Regen.
Bayern ist zu überlegen.
Borussia's sky is deeply dark.
Bayern ist zu stark.

Ach, was soll's, der Traum war schön,
gleich wird er zu Ende gehn.
In fünf Minuten ist's vorbei.
Der Spielstand 0:2.

Was macht denn Klopp? Das muss nicht sein!
Der Trainer wechselt Götze ein.
Ist das jetzt eine Strafaktion,
für den verlornen Borussia-Sohn,

der zu Bayern überlief?
Das ist wirklich primitiv.
Das ist nicht nur infantil,
das ist richtig schlechter Stil.

Passiert noch was? Ach was, nee nee,
so, wie ich die Sache seh,
gibt's noch nicht mal Nachspielzeit,
in Ordnung, das verkürzt das Leid.

Neuer läuft zum Abschlag an,
Fußball spielen kann der Mann,
doch, wie jetzt zu sehen ist,
baut der Manu auch mal Mist.

Fällt noch vor dem Schuss fast hin,
schießt sich selber unters Kinn,
und von dort aus prallt das Ei
ins Eigentor zum 1:2.

Der Dortmund-Chor singt höllenhell:
Sooooowas kann nur Manuel!
Die Bayern-Kurve schweigt dazu.
Neuer schaut auf seine Schuh.

Drei Minuten noch, na gut,
ob sich wirklich noch was tut?
Nee, zu spät, es ist gleich aus.
Die schaukeln dieses Ding nach Haus.

Die Dortmunder sind viel zu müd,
die Bayern viel zu abgebrüht,
schieben Bälle hin und her,
schinden Zeit und spielen quer.

Van Buyten, Lahm, van Buyten, Lahm,
kein Dortmunder dazwischen kam,
van Buyten, Lahm – wer steht noch frei?
Kevin Großkreutz! 2:2.

Katastrophe, Bayern schäumt.
Hatten alles abgeräumt.
Dortmund ohne Chance und Stich
und jetzt das, du glaubst es nich'.

Das gönnt man nicht mal seinem Feind.
Karl-Heinz Rummenigge weint.
Sammer spuckt, kratzt, beißt und tritt
Josef Heynckes in den Schritt.

Entwürdigung, Erniedrigung,
und jetzt auch noch Verlängerung?
Schiedsrichter schaut auf die Uhr,
doch von Abfiff keine Spur.

Anstoß Bayern, Müller passt
steil auf Ribéry und fast
hätte der den Ball erreicht,
er verfehlt ihn leicht.

Hummels kurz auf Gündogan,
der sucht einen freien Mann,
sieht, dass vorne keiner geht
und dass Götze abseits steht.

Sagt sich, gut, geh ich allein,
wird wohl gleich zu Ende sein,
geht her, geht hin und schaut sich um,
Götze steht im Abseits rum.

Gündogan denkt, Schicksal ist,
wenn der Teufel Fliegen frisst.
Und falls das wen irritiert,
der Ilkay ist top integriert.

Ein wirklich kluger, junger Mann,
drum spielt er jetzt auch Götze an.
Der steht zwar abseits, aber frei
und trifft zum 3:2.

Wer die Regel nicht begreift:
Abseits ist, wenn Schiri pfeift.
Schiedsrichter hat nicht gepfiffen.
Bayern hat ins Klo gegriffen.

Und hier die Zusammenfassung für alle, die sich erst jetzt in die Übertragung eingeschaltet haben:

Dortmund spielte grottenschlecht.
Fußball ist sehr ungerecht.
Fußball ist sooooo ungerecht.
Poaaaach, ist Fußball ungerecht.

P.S.: Bald geht Götze zu den Bayern.
Ob die da seine Ankunft feiern?

Unterhalb von Bielefeld
Saison 07/08

Als Anhänger von Bielefeld
wüsste ich, das Mittelfeld
ist das höchste der Gefühle.
Auf Platz zehn im Almgestühle,
nicht ganz unten, nicht ganz oben,
fühlt' ich mich gut aufgehoben.

Doch das bin ich leider nich,
auch nicht Bochum, Meiderich,
schon mal gar nicht Rot-Weiß Essen.
Hab mein Leben lang gesessen
nicht bei jenen, sondern hier –
(Quatsch, doch nicht bei Esnullvier!
Dann schon lieber im Gefängnis!!!)
Mein Verhängnis seit Empfängnis,
seit Entbindung, ist die Bindung,
ist das Zwangsverhaftetsein
mit 'nem anderen Verein.

Fragst du mich »na komm, wie heißt er?«,
sag ich »mehrfach Deutscher Meister,
Champions-League« und dann final
sag ich »ach – und Weltpokal«.

Fragst du mich, wie's mir gefällt
unterhalb von Bielefeld,
sag ich nicht »ach ja, es muss ja«,
ich bin Fan des BV Brussia.
War mal Chef im Fußball-Staat,
bin jetzt Liga-Prekariat.

Nachtrag Herbst 2014:
Derzeit macht mich depressive
eine andre Perspektive.
Schau ich nämlich jetzt nach vorn,
schaue ich auf Paderborn.

Aus Erfahrung Unentschieden

Wer wie wir Erfahrung hat,
ahnte lange vor dem Spiel,
ein Pünktchen heute wäre viel.
Von der Erfahrung hamwe satt.

Serien reißen irgendwann.
Läufe brechen abrupt ab.
Wochenlang gewinnst du knapp,
plötzlich klopft die Seuche an.

Wann genau, das weißt du nie,
wissen tust du nur, dass *das*.
Heute war der Einbruch krass,
heute spielten wir remis.

Wir wissen es seit Anbeginn,
dass es so nicht weitergeht,
dass keine Null auf ewig steht,
und vorne ist nicht jeder drin.

Der Kampf ist vorbei
Hundert Jahre Deutscher Fußball-Bund
(28. Januar 2000)

Großer, alter Fußballbund,
diese Welt ist nicht mehr rund.
Nein, dies ist nicht deine Welt,
die in kalter Macht zerfällt.
Dies ist nicht mehr dein Planet,
der in Gier nach Geld vergeht.

Und dies ist auch nicht dein Land,
wo einst deine Mannschaft stand.
Elf, die sich für dich zerrissen,
elf, die sich und Gegner bissen.
Die für deutsche Tugend stand,
sich im Wadenkrampfe wand
und durch Kampf zum Kampfe fand.

Die nie aufgab, sondern stur
folgte ihrem Treueschwur:
»Alle schlagen! Alle putzen!
Siege oder Blut am Stutzen!!!«

Großer alter DFB,
diese Zeit ist um, nun geh
endlich in die Altersrente.
Leg dich einfach in Malente,
in der Schmiede der Talente,
lang in ein Etagenbett,
balsamiert in Lederfett.

Fussball und Verstand
Nachrichten aus dem schwarz-gelben Zwischenreich (2005)

Ganz gleich, wohin ich derzeit seh,
ich seh den Tod des BVB.
Ob Wirtschaftsteil, ob Feuilleton,
ob tief ins Glas, ob Stadion,

ob Aktienkurs, Tabellenplatz,
ob Handelsblatt, ob Kaffeesatz,
wo immer hin mein Auge blickt,
wird B'russia in das Grab geschickt.

Ob Trainerwechsel, Punkte klaun,
ob Darlehnstilgung, Niebaum haun,
es wartet, was ich auch ersann,
die schwarze Sau: der Sensenmann.

Freund Hein, in Dortmund zu Besuch,
vereinsgerecht im Leichentuch
aus Eitergelb, aus Schwarz wie Ruß,
der B'russenfan mit Pferdefuß.

Sein Odem wie vom Emschergrund
umweht der B'russia letzte Stund.
Wie faules Gas, das fahl verbrennt:
Westfalens Stolz ist insolvent.

Die Konten wie die Erde rot,
die Bälle platt, die B'russia tot.
Der Deckel drauf, die Grube zu,
dann hat die liebe Seele Ruh.

Kein letzter Gruß, kein Schuss, kein Tor,
allein ein Südtribünenchor:
»Nächstes Jahr, da schwörn wir drauf,
ersteht die B'russia wieder auf!«

Moral:
Wo Glaube den Verstand ersetzt,
wird selbst ein Schuldenberg versetzt.

STÉPHANE »SCHAPPI« CHAPUISAT*
ZUM ABSCHIED

Wenn der rohen Treter Stollen
Rasen mähten in den Räumen,
sahn wir dich am Feldrain dösen
und vom Leder träumen.
Wissend und geduldig wartend,
dass dein Freund sich findet
ein in deiner Füße Hut,
wo ihn niemand schindet.
Sahn so oft, wie Rist und Rundes
sich an dir vereinten,
im Sommer transferiertest du,
sahst nicht, wie wir weinten.

* *1991–1999 Borussia Dortmund (218 Spiele)*

HERRLICH (HEIKO)*

Heiko Herrlich, ehrlich,
Name und Programm:
Hei der Kopfball, herrlich,
wie ein Torschuss: Stramm!

Herrlich, wie gefährlich
steigst du im Gewühl,
schraubst dich unerklärlich
hoch zum Kopfballspül.

Heiko, arg beschwerlich
tust du dich Parterr'.
Links wie rechts entbehrlich,
wenig wär da mehr.

Heiko Herrlich, ehrlich,
spiel nicht mit dem Fuß.
Wenn der Fuß will, wehr dich!
Triffst nicht mal den Bus.

*1995–2004 Borussia Dortmund, 42 Tore,
davon 41 mit dem Kopf*

Lolli für Olli (Kahn)

Dutzi Olli Kahni
Haben dich doch lieb
Bist ein bisschen wahni
Hast'n kleinen Piep.

Bist ein kleiner Schmolli
Spuck und Kräh und Kreisch
Bist ein arger Choli
Na, komm her, kriegst Fleisch.

Rohes Fleisch zum Reißen
Rinderhack am Stiel
Nanana, nicht beißen!
Na! Nicht gleich so viel!

Eia Eia Olli
Süßer kleiner Fratz
Lutsch das Blut vom Lolli
Küsschen, Bussi, Schmatz.

Im Dienste der Völkerfreundschaft
Von deutschem Boden darf nie wieder ein
Oliver Kahn ausgehen!

Das Inland verstummt, das Ausland erschrickt,
Lähmung und Furcht hier wie dort.
Droht ein bewaffneter Staatenkonflikt?
Terroristische Anschläge? Mord?

Oh no! Oli Kahn, the Torwart-Titan,
the german Muskelpaket,
the bavarian copy of Dschingis Khan,
sagt, dass er ins Ausland geht.

London, Liverpool, Mailand, Madrid?
Er hat schon die Tasche gepackt.
Das Ausland sieht das, da kommen wir mit,
als ausländerfeindlichen Akt.

Kahn spricht ja immer von Wille und Kampf,
von Zwang, der ihn zwängt und bedrängt.
Wer ihn je sah, sah nur Druck und sah Dampf,
sah wie Oliver Krampf Fliegen fängt.

Obwohl es für Deutschland gewinnender ist,
wenn das woanders passiert,
wollen wir nicht, dass Kahn als Tourist
dafür sorgt, dass der Frieden verliert.

Und prüfen, ob's die Verfassung erlaubt,
ob man Recht und Gesetz so weit treibt,
dass Kahn um die Reisefreiheit beraubt
im deutschen Strafraum verbleibt.

Bitte weiterbeissen, Oliver Kahn

Hast den Strafraum nie beherrscht,
unterliefst so viele Flanken.
Wo ein Torwart Hände hat,
hattest du nur Kraftraum-Pranken.

Hast die Bälle nur geboxt,
nie gepflückt wie Sepp-Depp Maier.
Wo bei dem Talente warn,
warn bei dir nur dicke Eier.

Wo ein Keeper Auge hat,
hattest du nur Halsschlagader,
blutwurstprall von Schopf bis Schuh.
Und dazwischen Muskelkader.

Wer wird folgen, wenn du gehst?
Wer gibt auf dem Platz das Fiese?
Epigonen, Parodien:
Weidenfeller und Tim Wiese.

Hast gespuckt, geschrien, gekräht,
hast vor Wut dich hingeschmissen,
hast mit Zähnen aus Titan
Gegnern in das Ohr gebissen.

Glotzen ist ja Wiedersehn.
Neben Kerner wirst du stehn!
Mach's im Fernsehn wie im Tor:
beiß Johannes B. ins Ohr.

Nachtrag 2009: Aber bitte nicht ins Bein
von Katrin Müller-Hohenstein.

Mit den Augen einer Frau:
CRISTIANO RONALDO

Stellst dich gerne nach den Spielen
obenrum entblößt zur Schau.
Wirst bewundert von sehr vielen,
nicht jedoch von meiner Frau.

Gäbst zu oft, gefällt von linden
Lüften, einen Schmerzensmann.
Schwanentanz mit Freistoßschinden,
kam bei meiner Frau nicht an.

Sie ist eine von den Frauen,
die nicht so oft Fußball kuckt
und auf so gezupfte Brauen
wie bei dir nun gar nicht zuckt.

Zu viel Täuschen, zu viel Tarnen,
sagt die Frau, die dich jetzt sah,
zu viel Dolce & Gabbarnen,
etwas mehr von C&A

stünde dir mit den Talenten
sehr viel besser zu Gesicht.
Spieler, die zu häufig flennten,
meint sie, säh' sie lieber nicht.

Kuss und Schuss
Gerüchtgedicht über die Folgen einer erfolgreichen,
von Dr. med. M.-W. am linken Knie des
Stürmers G. E. durchgeführten OP

Der brasilianische Stürmer
küsst zärtlich sein eigenes Knie,
das linke, was grad ihm erlaubte,
zu treffen das Tor, als wär nie

ein Schaden je in ihm gewesen,
ein Knorpel, der zwickte und zwack,
weil er sich löste zur Unzeit,
der Knorpel, der dämliche Sack.

Der brasilianische Stürmer
denkt zärtlich, noch während er küsst,
an die wenigen Worte des Doktors,
der sagte: »Giovane, es müsst

schon in zwei Wochen gehen,
dass du ins Tor triffst wie je,
vertrau meinen heilenden Händen,
leg dich zu mir ins OP.«

Der brasilianische Stürmer
tat, wie der Doktor ihm riet,
und siehe, nur zwei Wochen später,
schoss er das Tor in Madrid.

Mit links, aus der Drehung, ganz plötzlich,
der Torwart lachte noch: »Nie!«
Da lag das Ding schon im Kasten,
und keiner wusst' genau wie

dem brasilianischen Stürmer
dieses Kunststück geglückt,
mit Ausnahme seines Doktors,
der wo ja den Knorpel gepflückt,

mit minimalinvasiver
Knieknorpelarthroskopie,
mit spitzesten Fingern und freilich
mit viel Gefühl und Genie.

Später, in der Kabine,
was keine Kamera sah
und kein Mikrofon niemals hörte,
sagte der Stürmer, wie's war:

»Der Kuss meines Knies nach dem Tore,
ich tue es zärtlich nun kund,
war eine Übersprungshandlung,
und galt eigentlich Ihrem Mund.«

So sprach der Brasilianer
zum Doktor der Kniechirurgie,
und dann, so wahr ich hier dichte,
hauchte er: »Ich liebe Sie!«

Was weiter noch wird mit den beiden
wird sich wohl später erweisen,
wie man hört, wollen Arzt und Patient
nach dem Champions-League-Endspiel verreisen.

Trainerwechsel

Dem Trainer Werner Lorant*,
der tobend hin- und herrannt,
am Kalkstreif drunt am Platzrand,
platzte dort der Halsrand.

Zunächst erst nur der Halsrand,
darauf der ganze Lorant.
Das Spiel dann nicht mehr stattfand,
die Stelle ist jetzt vákant.

1992 – 2001 TSV 1860 München

Zwei wie Pech und Schwefel

Wild- und moser*
Lo- und rant
Heinz und Werner
Männerband

Prä- und side
Trai- und ner
Leib und Seel
Der Sechziger

Wohl und Wehe
Herz und Hand
Löwenschicksals
Unterpfand

Zwei wie Pech und
Teer und Schwefel
Eure Trennung
Wäre Frevel

Sen- und sibel
Warm und wärmer
Bleibet Brüder
Heinz und Werner

* *Karl-Heinz Wildmoser, 1992–2004,*
Präsident des TSV 1860 München

KÄTHE, BLEIB!*

Mal angenommen, Käthe,
ich bäte dich zu bleiben,
ich täte etwa schreiben:

»Du lindertest mein Leiden
am siechen deutschen Fußball,
der klipp und klar,
schon fast wie tot,
ein Pathologenfall war.«

Mal angenommen, Käthe,
ich flähte derart innig,
göngest du dann in dich
und verlöngertest 'ne Zeit,
sagnwirmal auf Ewigkeit?
Sag doch bitte bald Bescheid,
lass mich nicht lang hocken,
zeig dich bitte bald bereit!

(Ach so, und noch 'ne Kleinigkeit:
dreh dem Skibbe Locken!)

Rudi »Käthe« Völler, 2000–2004 Teamchef der deutschen Fußballnationalmannschaft

Letzte Ansprache des Trainers

Leute! Heute! Alle Mann! Raus! Und jeder! Los!
Alle! Einer! Was er kann!
Mannschaft!
Schangse!
Groß!

Männer! Jeder! Hinten! Und! Links! Und rechts!
Und ab! Alle alles! Volles Pfund!
Vollgas! Keiner
schlapp!

Noch mal! Männer! Heute! Ja! Gegner auf dem Schuh!
Augen! Offen! Hier und da! Brust raus!
Räume
zu!

Leute! Noch mal! Alle! Ihr! Nur zusammen Star!
Männer! Mannschaft! Heute wir!
Jeder! Immer!
Klar!

Und außerdem dürfen wir natürlich nie vergessen,
dass wir hinten kompakt stehen müssen, wenn
wir im Mittelfeld die Räume haben wollen,
um die Pässe so in die Tiefe zu spielen,
dass unsere Spitzen nicht in der
Luft hängen. Und jetzt
raus! Männer!
Und dann
alles!

Das schlechte Spiel

Schiri, sag mal, bist du blind?!
Kerl, geh doch nach Haus!
Sieht doch wirklich jedes Kind!
Mann, das Ding war aus!

In der Mitte klafft ein Loch!
's läuft nix über links!
Trainer, ey, das sieht man doch!
Bring doch mal den Dings!

Warum sieht die Nummer drei
nie den freien Mann?
Da! Der steht schon wieder frei!
Spiel ihn endlich an!

Nee, ich halt das nicht mehr aus!
Lasst uns bitte gehen!
(Man sah Jupp, Fritz, Pit und Klaus
dann am Tresen stehn.)

Mit mir vor öffentlichen Erscheinungen

So geht Politik der Mitte,
Butter, Mettwurst und Glück auf!

»Die urwüchsige Verfassung, welche sich eine nationale Gemeinschaft gibt, besteht in der Wechselwirkung zwischen einer Elite und einer Masse.« (José Ortega y Gasset)

»Ich kann nicht erkennen, dass es einen Gegensatz gibt zwischen Leistungselite und Demokratie.« (Helmut Kohl)

»Die Breite an der Spitze ist dichter geworden.« (Berti Vogts)

Masse und Klasse

Was ragt da aus der Ebene?
Ein Mitglied der Elite.
Ganz schön groß, das ragt ja sehr.
Ist ein Spitzenfunktionär.
Mann, der ragt tatsächlich gut.
Allererste Klasse.
Weißt du denn, was der so tut?
Ragen – aus der Masse.
Masse? Sind das du und ich?
Doch, kann man so sagen.
Masse? Wir sind nur zu zweit.
Aaaaber wir sind ganz schön breit.
Da hat er ja leicht Ragen.

Geheim: Merkels neues Tattoo

Die Kanzlerin, die Kanzlerin
hat ein geheimes Doppelkinn,
und in der Falte zwischendrin,
da ist sie tätowiert.

Die Merkelin, die Merkelin,
die merkt sich so die Handy-PIN:
Zwei durch Pi-Quadrat im Sinn,
mit Mü multipliziert.

Im Merkelfon, im Merkelfon,
da wohnt seit sieben Jahren schon
ein kleiner USA-Spion,
der hat sie dechiffriert.

Im weißen Haus von Washington,
in Arlington, im Pentagon
erkennt Agent am Klingelton,
die Kanzlerin regiert.

Drum hat seit heute – Salabim –
die Merkelin 'ne neue SIM.
Die PIN wird unten hinten im
Geweih tattootewiert.

Wo ist eigentlich Herr Pofalla?
(Peer Steinbrück, 2013)

NSA und BND,
CIA und MAD
machen glubsch und späh.
Und auch die alte Spannersau
Verfassungsschutz, kurz: BfV.

Deutsche, macht das Beste draus,
zieht euch nicht mehr aus.
Ist's noch so heiß, zeigt Größe!
Gebt euch keine Blöße!

Bürger, zieht euch Sachen an!
Denkt immer an den Dunkelmann,
der alles von euch sehen kann,
im Darkroom Number One.

Denn vor dem größten Monitor
sitzt Ronald mit dem dicken Rohr
und kuckt bei allen zu:
Pofalla, CDU.

Der Münte-Zyklus

»Gedichte lese ich lieber als Romane, weil es um die Kunst der Verdichtung geht, den lakonischen Umgang mit Worten. Ich schätze das sehr.« (Franz Müntefering)

Franz Müntefering, 1975–1992 und 1998–1013 Abgeordneter des Deutschen Bundestages. Mehrfach SPD-Vorsitzender. 2002– 2005 Vorsitzender der SPD-Bundestagsfraktion. 2005–2007 Vizekanzler und Bundesminister für Arbeit und Soziales. Franz Müntefering war mir lange Zeit fortwährender Quell der Inspiration. Die Musikalität seiner Sprache, vor allem ihr treibender Puls, der unverwechselbare Münte-Beat, ließ mich nie stillsitzen. Oft wusste ich nicht, ob ich noch dichtete oder schon tanzte. Der 1940 geborene Hochsauerländer war bereits Ethno-Rapper, lange bevor der Begriff ein Begriff wurde.

I. »Wirtschaft ist für die Menschen da! Und Demokratie gehört zur Wirtschaft mit dabei!«

Ein Hau, ein Ruck, soweit so klar,
der war nicht zu erwarten.
Der Kanzler legt seit Tag und Jahr
die immer gleichen Karten.

Auch diesmal war's, wie's immer ist,
wenn Gerhard Schröder schrödert:
Vom Anfang bis zum Ende trist –
wir waren angeödert.

Als Merkel darauf schrödergleich
die Zeit unendlich krümmte,
warn wir schon fast in Morpheus' Reich –
doch dann erschien uns Münte!

Müntefering Franz, der kann's!
Allzeit bereit zum Streit.
Kein Lull-, kein Lall-, kein Laberhans!
Ein Franz! Aus Lüdenscheid!

»Wirtschaft ist für die Menschen da!«
Den Satz kann man benutzen:
»Wirtschaft ist für die Menschen da!«
Auch zum Zähneputzen.

»Wirtschaft ist für die Menschen da!«
Keiner sagt's behänder –
»Wirtschaft ist für die Menschen da!«
als der Sauerländer.

Da kann man sagen, was man will.
Kein Reden um den Brei.
Münte – bitte sei nicht still!
Sag, was gehört dabei?

Dabei gehört noch was dazu?
Verleih die Sprache Glanz!
Münte-Franz, gib jetz' nich Ruh,
jetz sach dein Satz ma ganz.

Zeich dem Schröder, wie das geht,
dass das Volk versteht,
was dabei noch zugehört,
worum das sich hier dreht.

Kommt auf die Pommes noch was bei?
Kommt bei dem Pils noch Korn?
Kommt noch Maggi auf dem Ei?
Komm nochma ganz nach vorn.

Und sach dochma, was bei die Wirtschaft
zugehört und wie
und was dabei noch *bei*gehört,
sonst sachts ja keiner nie:

»*Wirtschaft ist für die Menschen da!*«
Ich weiß - und und und und?
»*Und Demokratie gehört zur Wirtschaft mit dabei!*«
Applaus – der Satz ist rund.

II. Münte, Manna, Margarine

»Milch und Honig wird nicht fließen, aber was anderes
wird da sein: Gesundes Brot und or'ntlicher Aufstrich.«

Würd' man nasse Katzen wringen,
kläng es süßer nicht im Ohr.
Könnten Kettensägen singen,
sängen sie den Münte-Chor.
Kein Gedanke muss sich quälen,
dafür zuckt's in jedem Bein.
Nein, nur Herz und Nieren zählen.
Münte pusht die Innerei'n.

Müntefranz kommt wieder nieder,
Münte brütet wieder aus,
und aus Wörtern werden Lieder
und aus Rhythmus wird Applaus.

Superheld aus Südwestfalen,
spende Trost und Prost und Rat.
Lass die Kiefer mächtig mahlen,
Spuck uns einen Wortsalat:

Milch und Honig wird nicht fließen!
Ja, so komm' wir flüssig rein.
Milch und Honig wird nicht fließen!
Da – schon tanzt das erste Bein.
Milch und Honig wird nicht fließen!
Lass es nicht so lang allein.
Milch und Honig wird nicht fließen!
Sach, was wird stattdessen sein?

Ja, was andres wird es gebn!
Ah – ein Satz aus Korn und Schrot.
Ja, was andres wird es gebn!
Sach es uns, dein Wort tut not.
Ja, was andres wird es gebn!
Sach schon Mann, sonst gehn wir tot.
Keine Bange, ihr sollt lebn!
Gebn wird's: Gesundes Brot!

Toll, jetzt sind wir fast zufrieden,
sind so gut als wie im Lot,
doller würnwe dich noch lieben,
tät's du noch was drauf aufs Brot.

Trocken Brot ist uns zu netto.
Einer geht noch, Münte, bitte.
Hast du nicht noch was in petto?
Schmier uns was auf unsre Schnitte!

Gebn tuts gesundes Brot!
Ja! Is klar! Doch sicherlich,
gibts noch *was*? JEZZ ZIER DICH NICH!

Aufstrich!
Noch mal!
Aufstrich!
Noch mal!
Aufstrich!
Und zwar?
Or'ntlich!

Münte, Manna, Margarine.
Schluss, Applaus und gute Miene.

III. Wenn Ebbe ist, wenn Ebbe ist

*»Wenn Ebbe ist, macht's keinen Sinn,
Wasser ins Meer zu pumpen.«*

Lange Sätze könnt' er nicht,
sagt der Münte selbst von sich.
Kurz und klein und schlank und schlicht
– niemals ein Gedankenstrich.

Wenn der Münte reden muss,
wenn das Franzwort sich erbricht,
reißt uns mit der Redefluss,
hält kein Damm mehr dicht.

Felsquellwasser wird zu Wort,
Punkt und Komma braucht es kaum,
Silben fluten sprudelnd fort,
Wort wird Woge, Satz wird Schaum.

Zieht mit Macht und schäumt zu Tale,
alles, auch das Hochbanale,
ergo, vulgo Scheißegale,
Konsonanten und Vokale

schwimm' im Wörtersee
schwimm' im Wörtersee
Sätzchen in das Wasser
Fränzchen in die Höh!

»Wenn Ebbe ist, wenn Ebbe ist«
Alles klar, so haut es hin.
»Wenn Ebbe ist, wenn Ebbe ist«
Prima, Münte, bin schon drin.
»Wenn Ebbe ist, wenn Ebbe ist«
Steht schon fast bis unters Kinn.
»Wenn Ebbe ist, wenn Ebbe ist«
Sachschon, Franz, lass gehn, mach hin!
»Wenn Ebbe ist, macht's keinen Sinn!«

Gebongt! Kapiert! Was sicher ist,
ist, wenn's Wasser alle ist,
wenn Ebbe ist, dann immerhin:
»Genau! Dann macht es keinen Sinn!«

»Wenn Ebbe ist, wenn Ebbe ist
Wenn Ebbe ist, wenn Ebbe ist
Wenn Ebbe ist, wenn Ebbe ist
Wenn Ebbe ist, wenn Ebbe ist«

Moment, halt ein, halt ein, mein Franz,
so gern ich auf dein Stammeln tanz,
so gern wüsst ich, was Sache ist,
»Wenn Ebbe ist? Wenn Ebbe ist?«

Ja KLAR! Jezz mach'! Ich schlag gleich hin!
»Wenn Ebbe ist? Wenn Ebbe ist?«
JAAA! Dann macht es keinen Sinn:
»Sag' ich ja: Macht keinen Sinn!«

WAS?! Jezz lass dich nicht so lumpen!

»Wasser ins Meer zu pumpen!«

Danke.
Bitte.

Kein' im Sinn.
Und ein' im Mund.
Schluss, Applaus, der Satz ist rund.

IV. Letzte Worte des letzten Vorsitzenden

»Fraktion ist gut, Partei auch, Glück auf!«

Kurze große letzte Sätze
haben nur die Größten drauf.
Müntes endeten, ich petze,
samt und sonders mit: »Glück auf!«

Beispielsweise: »Klare Kante,
Politik ist Dauerlauf,
Nahles ist 'ne dumme Tante,
Hosenanzug voll, Glück auf!«

Oder aber: »Auf die Schnitte
muss auch ordentlich was drauf.
So geht Politik der Mitte,
Butter, Mettwurst und Glück auf!«

Schön auch: »Mutti war die Beste,
holte mir im Schlussverkauf
roten Schal und weiße Weste,
trag' ich heute noch, Glück auf!«

Schließlich: »SPD im Keller,
keiner holt sie noch mal rauf.
Nach mir wird's nie wieder heller,
leckt mich doch am Arsch, Glück auf!«

Kriegsministers Hochzeitsleid

Falten, tief wie Schützengräben,
Krater wie vom Bombenschlag,
in den Augen kaum noch Leben,
Kriegsministers Hochzeitstag.

Schwere Stunde, schweres Herz,
Trauer über Priština,
stumm erträgt er diesen Schmerz
und den Kuss von Nikola.

Schwarzer Schleier, gold'ner Ring,
kein Salut, kein Glockenlaut,
armes kleines, junges Ding,
Kriegsministers Hochzeitsbraut.

Tränen über fahle Wangen,
Bomben über Beograd,
Zeiten, die so viel verlangen,
große Liebe, große Tat.

Großer Zwiespalt, große Zeit,
Pflicht, Gewissen, Ehre, Amt,
großer Mann im Hochzeitsleid,
zur Entscheidungsschlacht verdammt.

Einsam wird es um den Mann,
gespenstisch leis', ja totenstill,
dann, was man erwarten kann:
»Schweren Herzens – JA, ICH WILL!«

In den Kosovo-Kriegswirren erhielt die Weltöffentlichkeit einen ersten eindrucksvollen Beweis der charakterlichen Stärke des deutschen Jung-Außenministers Joseph Fischer. Ungeachtet der übermenschlichen Belastungen, denen er in den Bombennächten des Frühjahrs 1999 ausgesetzt war, heiratete er seine vorerst letzte Frau Nikola (inzwischen seine vorerst vor-vorletzte Frau, Stand Herbst 2014). Ein früher Fingerzeig auf die im folgenden Verlauf der Weltgeschichte mehrfach bestätigte Fähigkeit des Weltpolitikers, selbst in kritischsten Situationen dem Gegner keine Blöße zu offenbaren. Ehre seinem ewigen Andenken!

JOSEPH, KOMM JETZT!

Joseph, los du!
Joseph, zieh
Dich jetzt um - uh -
Joseph, iiiih!
Joseph, would you,
Joseph, please,
change your Turnschuh,
smells like cheese.

Joseph, hurry,
hurry up!
Josy, Josy!
Zeit ist knapp!
Außenmini,
mach nicht schlapp!
Wasch dir rasch den
Streber ab!

Joseph, zügig,
Joseph, schnell,
stürz dich endlich
ins Flanell!
Joseph, mach dich
auf der Stell,
ausgehfertig,
fuck the hell!

Joseph, komm jetzt!
Joseph, bitte!
Lahmst du? Bist du
wund im Schritte?
Salb dich, puder
dich mit Talg,
Joseph Fischer,
butcher's Balg.

Musst doch noch
nach Washington,
world awaits you,
Joe, come on!
Riechst so streng nach
Marathon.
Joseph Fischer,
Metzgers Sohn.

Dass der erfolgreiche Kampf eines großen Mannes für eine gerechte Welt nicht aus dem Nichts entsteht, sondern auch immer Ausdruck des inneren Triumphes über sich selbst ist, dokumentierte Joseph Fischer noch im Nachkriegshalbjahr nicht minder eindrucksvoll in seiner großen Autobiografie »Mein langer Lauf zu mir selbst« (Kiepenheuer & Witsch, Köln 1999).

Eine letzte Zigarette mit Ulla Schmidt*

Rauchend vorzutragen

Verehrte Frau Gesundheitsschmidt,
ich sachmal Ulla, kommsse mit?
Komm, wir gehen eine paffen,
sollst mal sehn, wie die dann gaffen,

all die Affen, die wo denken,
du willst nur den Beitrag senken,
dass das Krankenkassenloch
wieder voll wird, oder doch

wenigstens ein bisschen Asche
von der Fluppe in die Tasche
deiner armen AOK
rüberwandert, Ulla, ja?

Komm, wir zeign den' 'ne Harke,
komm, wir qualmen ultrastarke
Filterlose, schwarz wie Teer,
perzen, bis die Feuerwehr

denkt, dass wir ein Waldbrand sind,
angefeuert von 'nem Wind,
der mit deutscher Lungenkraft
Raucher rasch zum Acker rafft

in die Grube letzter Ruh.
Ulla, komm, ich sachmal: Du
und ich – wir statuieren
vorbildlich durch Inhalieren,

wie man die Budgets der Kassen
durch rechtzeitiges Verlassen
des Planeten voller kriegt.
Indem, dass man nämlich liegt

früher auf dem Acker still,
als es die Statistik will.
Patriot ist der Gescheite,
der durch Missbrauch eine Pleite

dieses Staates wendet ab.
Ulla, komm, wir machen schlapp.
Was ich noch zu sagen hätte,
dauert eine Zigarette,

hier mein letzter Satz im Stehn:
Ich und Ulla Schmidt, wir gehn,
nehmen keine Alimente,
weder Staatspension noch Rente,

die dürft ihr für uns verprassen.
Röchelnd wern wir euch verlassen.
Was euch bleibt nach uns, ist klar:
Gute Luft und BfA.

* *Bundesgesundheitsministerin 2001 – 2009*

Lass es krachen, Hans!*
Eine Mutmachung

Eichel, Hans, du Held der Zahlen,
Qualen zeichnen dein Gesicht.
Such nicht wie die Motte Licht.
Schau nicht auf die nächsten Wahlen.

Musst das Schuldenhaus errichten
aus dem Übel der Bilanz.
Sei ein Dübel, Eichel, Hans,
lass dich nicht im Loch vernichten.

Halte deinen Kopf nach oben,
trage Helm und harten Schuh,
sei nicht irgendwer, sei du,
lass dich nicht von Schröder loben.

Zieh den Streifen durch und handle,
sei nicht Sparbuch, sei Kredit.
Sei du, der die Wege sieht.
Sitz nicht rum, steh auf und wandle.

Geh wie jenER übers Wasser,
denn du weißt, wo Steine sind.
Sei wie Blut, das nie gerinnt.
Werde also nicht noch blasser.

Schampus, Weiber, all die Sachen,
dicke Autos, volle Fahrt.
Hansi Eichel, werde hart,
lass es volle Pulle krachen.

Nimm den Bügel aus der Jacke!
Hau doch einmal auf die Kacke!

Hans Eichel, 1999–2005
Bundesminister der Finanzen

Ja, Rudolf Scharping*,
»Manches hat bitter wehgetan.«

Hinfallen, aufstehn und Fahrrad fahrn,
Rudolf, das Strampeln tat weh.
Wasserträger und Untertan,
Soldat der Partei SPD.

Witzvorlage für Oskar und Gerd,
bärtiger Backpfeifenmann,
von allen rasiert, gefedert, geteert,
kein Wille, nur Brille und dann

poussierend im Pool der Pilati gesehn,
schäumend in Testosteron,
badend in *Bunte* und *Bild* fotogen,
gräfinnengeil als Baron.

Hormonübersäuert im Kosovo-Krieg
täglich die Lage gepeilt,
geschwollen vom Wollen und Willen zum Sieg,
schwafelnd dem Tage enteilt,

begeilt und umnachtet im Fieber der Lust,
den Traum aller Spießer geträumt.
Doch dann wieder Arschtritt und Rücktritt und Frust
auf die hinterste Bank abgeräumt.

Wasserträger und Untertan,
Soldat der Partei SPD.
Hinfallen, aufstehn und Fahrrad fahrn,
Rudolf, das Strampeln tut weh.

*»Aber wir müssen jetzt die Kraft finden, die Schmerzen der
Vergangenheit hinter uns zu lassen, denn wir haben eine
Aufgabe, die wichtiger ist als wir selbst.«*

** Rudolf Scharping, 1993–1995 Bundesvorsitzender der SPD.
1997 Tour-de-France-Kolumnist der Bild. 1998–2002
Bundesminister der Verteidigung. Seit 2005 Präsident des
Bundes Deutscher Radfahrer.*

Dem Oberbefehlshaber der deutschen Streitkräfte in Friedenszeiten (OBST), Inhaber der Befehls- und Kommandogewalt (IBUK), größten lebenden Radfahrer der sozialdemokratischen Partei Deutschlands (GRÖSP) und Bild-Zeitungs-Ausnahme-Radsportkolumnisten (BIZAR) an den Sturzhelm gesteckt:

DER FLACHETAPPENSPEZIALIST

Scharping spürt den Gipfelkitzel,
Scharping saugt zu dünne Luft,
Rudi tritt das kleine Ritzel,
wann ist Rudis Kraft verpufft?

Ächz, der Berg ist nicht von Pappe,
Rudi hat den Hungerast,
Scharping schätzt die Flachetappe,
wo man Tritt im Schatten fasst.

Scharping ist wie Erik Zabel
nicht der Mann für Pyrenäen,
Rudi reihert auf die Gabel,
wenn das seine Truppen sehn.

UMWELTENGEL GABRIEL*

Es ist nicht aus Erz, dein Kleid,
dicker Engel Siggi G.,
feines Tuch, so hoch wie breit,
trägst du wie die Hautevolee.

Doch du kommst von unten her,
weil du Niedrigsachse bist,
der, so sagt die alte Mär,
windkanalgetestet ist.

Fuhrst zum Lichte wie im Lied,
C-Wert schlüpfrig in die Höh,
angetrieben als Hybrid,
von VW und SPD.

Unter deinem Kummerbund
wächst der Schröder Rippenspeer.
Nimm was ab und bleib gesund.
Werd der Wolke nicht zu schwer.

Dann wirst du fürs Klima sein,
was fürs Laken Ariel.
Reinigst reiner noch als rein,
Umweltengel Gabriel.

* Sigmar Gabriel, 2005–2009 Bundesumweltminister

Dem Friedenskanzler Gerhard Schröder gewidmet:
IM KANZLERAMT BRENNT NOCH EIN LICHT

Wenn wir ruhen, bewegt er die Welt
für den Frieden, nicht Macht oder Geld.
Er hält seine schützende Hand
übers Vaterland, übers Vaterland.

Wenn wir schlafen, wacht er als Garant
für das Vaterland, für das Vaterland.
Unsre Träume erfülln ist ihm Pflicht.
Im Kanzleramt brennt noch ein Licht!

Er ist Taube, nicht Falke und Schwert,
nicht Donald, nicht George, sondern Gerd.
Im Getriebe des Kriegs ist er Sand
für das Vaterland, für das Vaterland.

Er wehrt sich für uns und hält stand,
für das Vaterland, für das Vaterland.
Seht den Schimmer auf seinem Gesicht.
Im Kanzleramt brennt noch ein Licht!

Nein, kein flüchtiger Scheit im Kamin
leuchtet uns dort im kalten Berlin.
's ist ein wärmendes Feuer entbrannt
für das Vaterland, für das Vaterland.

Wo einst Mauer stand, da steht nun Wand
in dem Vaterland, in dem Vaterland.
Eine Wand, an der Unheil zerbricht.
Im Kanzleramt brennt noch ein Licht!

Seine Hand schreibt noch einen Bericht.
Was sie schreibt, weiß nur dieses Gedicht.
Schlicht ist die Wahrheit der Herzen:
»Doris, kauf morgen mal Kerzen!«

Die unromantische Geschichte von Bärbel (Höhn) und Peer (Steinbrück)*

Sie lieben nicht einander, doch sie binden
sich wiederum zusammen für ein Jahr.
Wie blinde Hühner Körnerfutter finden,
so finden sich die zwei erneut zum Paar.

Oh nein, sie war von ihm nie sehr beeindrückt,
er fühlte sich zuweilen schwer verhöhnt.
Der Peer hätt Bärbel so gern mal gesteinbrückt,
hat unterdrückt gestöhnt und dann versöhnt

mit rotem Kopf und wutgebremst der Kühle
das grüne Weib mit sich und der Partei.
Gewann der Trieb zur Macht, das Kleben am Gestühle?

Verloren die Gefühle? Einerlei.
Kein Herz zerreißt's, das Publikum wird's dulden,
verbinden tun die beiden doch nur Schulden.

*2002 – 2005 rot-grüne Koalition in NRW

Wolfgang Clement* stellt einen Antrag auf Arbeitslosengeld II

Seht die tiefen Kluften dieses Mannes,
seht der Faltentäler grauen Grund.
Hell war sein Organ, das sagt: Ich kann es!
Dunkel nun sein Schweigen, Nacht der Mund.

Matt umschließt ein Trauerrand das Schreiben,
Tinte will nicht fließen, klebt wie Hartz,
Arbeit, irgendeine, er will bleiben,
hunderttausend Mal, das Blatt ist schwarz.

Einst trug er wie Atlas Welt und Wille.
Einst stand er im Sturm wie Eichenholz.
War er nicht der Laut in jeder Stille?

Stimmlos nun und ohne jeden Stolz.
Niemand hört das Wimmern Wolfgang Clements,
Schweigen ist das Echo seines Elends.

2002 – 2005 »Super«-Bundesminister für Wirtschaft und Arbeit

» (…) die Rumänen (…) kommen und gehen, wann sie wollen, und wissen nicht, was sie tun.«
»Und wenn es sein muss, dann treffen wir noch irgendwelche Chinesen (…) und wenn die dann nicht endlich in Duisburg investieren wollen, dann werden die auch noch gewürgt – so lange, bis sie Duisburg schön finden.« (Jürgen Rüttgers, 2005–2010 Ministerpräsident des Landes Nordrhein-Westfalen)

Würgen R.

Rüttgers, der Rächer, richtete viele,
das ist ja historisch belegt.
Für den NOKIA-Standort Nordrhein-Westfalen
hat er vier Finnen zersägt.

Als Rächer der Bochumer Opel-Belegschaft
hat Rüttgers kein Blutbad gescheut.
Er skalpierte nach landestypischer Sitte
den General Motors, Detroit.

Es klappern die faulen Rumänen mit Zähnen,
weil Rüttgers sie kompostiert,
wenn wegen denen ein knackfrischer Deutscher
sein Arbeitsplätzchen verliert.

Rüttgers, der Rächer, richtete viele,
das ist auch in Peking bekannt,
aus Angst vor dem Jürgen wird Rüttgers dort nur noch
Würgen Rüttgers genannt.

Jetzt singen Milliarden Chinesen in Chören:
»Duisburg, du Schöne am Rhein,
bei Mao, wir schwören, schöner als Duisburg
kann nirgendwo irgendwas sein.«

Freundeskreis Schröder

Das Leben war hart, sie nahmen es leicht,
wenn man jung ist, tut Leistung nicht weh.
Sie leisteten sich den Rausch des Erfolgs
und ein Kreuz bei der SPD.
Das durfte man jetzt, das stank nicht mehr so,
nach Proletenbaracke und Muff,
nach Arbeiterwohlfahrt und Kindergeld,
nach Dornkaat und billigem Suff.

Kubanischer Tabak, italienisches Garn.
Die Verheißung des Glücks war ein Köder.
Sie ahnten ja nicht, dass es anders kam.
Sie gehörten zum Freundeskreis Schröder.

Die letzte Silvesteransprache des Bundespräsidenten Johannes Rau*

Immer wenn der Christbaum brennt,
spricht der Bundespräsident.
Übrig blieb vom Weihnachtsfest
noch ein Weihnachtsredenrest,

der nicht ungesagt soll sein,
Silvester passt er prima rein.
Hier das ganze Manuskript,
von Johannes Rau getippt:

Kaum zu glauben, aber wahr,
wieder jährt sich heut ein Jahr.
Darum, so sagt die Legende,
spricht man auch von Jahreswende.

Brüder, Schwestern, Bürger und
Mutti, Meerschwein, Katze, Hund,
Zierfisch, Sittich, Hamster, Huhn,
alle sollen Gutes tun.

Vor dem Essen, nach dem Essen,
arme Menschen nicht vergessen,
so ist's guter Christenbrauch,
ich und meine Frau tun's auch.

Nach dem Essen etwas ruhn
und gedanklich Gutes tun.
Das ist gute Christensitte:
Steht der Mitmensch in der Mitte?

Überall auf dieser Welt?
New York, Rio, Elberfeld?
Dort werd' ich in Rente gehn.
Gutgehn, Wohlsein, Wiedersehn.

Denkt an mich, vergesst mich nicht,
denn auch das ist Christenpflicht.
Gutes denken, Gutes sehn,
mit dem Hundi Gassi gehen.

So wie ich mit meinem Scooter,
ja, der ist wie ich ein Guter.
Treu und brav und stubenrein,
hebt nur vor der Tür das Bein.

So, das war's, gezeichnet: Rau,
schönen Gruß von meiner Frau.
Heute Abend wird's noch öder,
dann spricht Bundeskanzler Schröder.

*1999–2004 Bundespräsident der
Bundesrepublik Deutschland*

Never ending Konklave
*Wie am 19. April 2005 ein deutscher
Papst ermittelt wurde*

Hundertfünfzehn Kardinäle
in der Unterwelt von Rom,
Gott, ist das hier ein Gequäle,
zwei Etagen unterm Dom.

Oberhalb in Krypta-Kühle
liegt der Alte marmorgrau,
unten hundertvierzehn Stühle,
DJ Ratze weiß genau,

im Konklave-Partykeller
ist ein Mützenmann gefoppt,
wenn ich meinen Plattenteller
anhalt und die Musik stoppt.

Hundertfünfzehn wollen sitzen,
müssen sich im Kreise drehn,
subkutanes Bischofsschwitzen,
einer muss am Ende stehn.

Ratzinger lässt weiterspielen,
noch 'ne Runde Requiem.
Immer auf die Stühle schielen:
Reise nach Jerusalem.

Ein neuer Anfang*

Du lächelst fein, dein Mund so zart
und Licht auf deinen Lippen,
kein Krähennest, kein Damenbart
und Haut ganz ohne Stippen.

»Ein neuer Anfang«, oh, wie wahr!
Du scheinst das Glück zu saugen.
Wo einst nur Magenfalte war,
nun Gloss und Glanz und Augen.

Oh Angela, du bist on top!
Nicht Printe, sondern Print.
Du Wunder aus dem Fotoshop.
Du hängst bei mir im Spind.

* *Bundestagswahl 2005, Kampagne der CDU*

Hartmut M.: Kleiner Mann ganz gross

Wo kleine Männer gerne stehn,
da steht auch dieser Mann,
weil er von oben runtersehn
und größer wirken kann.

Der kleine Mann muss weiterziehn,
die Arbeit ist getan,
hier in der Hauptstadt, in Berlin,
im Hauptquartier der Bahn.

Hier stinkt's nicht mehr nach AWO-Fraß,
nach armer Leute Dreck,
hier müffelt es nach Business-Class,
bekocht von Biolek.

Die Deutsche Bahn, einst ruiniert,
erblüht in neuer Pracht,
von Hartmut M. privatisiert,
auf Börsenglanz gebracht.

Der hohe Absatz seines Schuhs
erhebt ihn noch ein Stück.
Aus dünner Luft ein letzter Gruß:
Adieu DB, viel Glück.

Man rief ihn fort zu neuer Tat,
die alte war getan,
er rettet bald, weil man ihn bat,
die Märklin-Eisenbahn.

Wo kleine Männer gerne stehn,
da steht nun dieser Mann,
weil er hier prima runtersehn
und größer wirken kann.

Keine Wahl

Nacht, so schrecklich lang und grau.
Er, von hundert Bieren blau.
Ungenaues vor den Augen.
In Gefäßen Gift und Laugen.

In den Lungen Teer und Dampf.
Waden-, dann auch Magenkrampf.
Kettensägenkarusselle.
Mikrowelle! Frikadelle!

Viel zu hastig. Er erbrach.
Stunden später: Wieder wach.
Schwaches Leuchten in der Zelle.
Frühstücksfernsehn. Westerwelle.

Eine Weile ließ er's laufen.
Und dann wieder saufen, saufen …

Mit mir im Reimen

Das Happy End dieser dummen Geschichte:
Er schreibt jetzt Gedichte

§ 1

Dichtung ist Verpflichtung zur Verdichtung.
Wenn der Dichter platt palavert,
wenn er wortgewaltig wabert,
Locken auf die Glatze labert,
wenn der Dichter bläht und dehnt,
riskiert er, dass die Kundschaft gähnt.

§ 2

Vor dem Schreiben, nach dem Schreiben:
Stift mit Vaselin einreiben!
Mancher, der's nicht tat, berichtet,
hat sich so den Wolf gedichtet.

GARTENBESITZERS NACHTGEDICHT

Was tut sommernachts der Dichter?
Er tut reimen hinterm Mond,
während schmieriges Gezichter,
das in Dichters Garten wohnt,

dessen nachtumflortes Brüten
nutzt und nasse Spuren zieht,
wissend, es muss sich nicht hüten,
weil er dichtet und nicht sieht,

dass die nackten Nachtschwadrone
Blattsalat und Raukenkeim,
Küchenkraut und grüne Bohne
speicheln ein mit ihrem Schleim.

Dichter drinnen findet Verse,
Wort um Wort fällt auf das Blatt,
draußen fällt Natur, perverse,
andre Blätter, nimmersatt.

Draußen dunkeln Katastrophen,
drinnen Glanz und Dichterglühn.
Tintenblau erstrahlen Strophen,
schneckenbraun erlischt das Grün.

Was tut sommernachts der Dichter,
wenn sein Wirken wurde Wort?
Er tritt aus in Mondes Lichter
und dann an zum Rachemord.

Schaut in plagenvolle Leere,
schaut in glitschig feuchten Brei,
greift zur guten Gartenschere,
macht aus jeder Schnecke zwei.

Fleisch und Wurst

Abgewandt von eigner Dichtung.
Zugewandt dem wahren Wort.
Manuskript kurz vor Vernichtung.
Dichter kurz vor Eigenmord.

Gleich wird er sich selber richten,
er, den man von hinten sieht,
niemand wird davon berichten,
wie er sich dem Jetzt entzieht.

Niemand wird die letzten Zeilen,
die er schrieb, es waren vier,
drucken, binden und verteilen,
darum stehn sie schließlich hier:

»Winzigkeit vor Riesenwänden.
Selbstgereimtes vorm Gesäß.
Unerhebliches in Händen.
In Gedanken Leberkäs.«

VERGÄNGLICHKEIT

Die Jahre gehn wie Heu – Moment – wie Fliegen?
Metaphernsicherheit, wo biste hin?
Ein Pils! Ich lass die Wörter einfach liegen.
Noch mal von vorn: Die Haare werden dünn.

Man soll die blauen Zellen, nee, die grauen ...
Hast du mal 'ne Tablette? Ich bin breit.
Ich kann ja kaum noch aus den Augen schauen.
Was schreib ich auch Sonette um die Zeit.

Vergänglichkeit! So lautete das Thema.
Die Hoffnung stirbt zum Schluss, der ganze Stuss.
»Die Eieruhr läuft ab«, das passt ins Schema.

Eins nehm ich noch und dann den letzten Bus.
Zu Haus, im ersten Licht, da muss ich dichten.
Gleich morgen lass ich den Computer richten.

KLIMA-DICHTUNG
Geschichte, Vermächtnis und Auftrag

An Herrn Goethes Dichterhofe
herrschte Klimagipfelruh.
Keine Ökokata-Strophe
von Geheimrat von und zu.

Auch vom Konkurrenten Schiller
niemand was zum Thema las.
Nix da über Klimakiller,
null in Sachen Treibhausgas.

Geistesgrößen schnitten Riesen-
schinken sich aus Dichterhirnen.
Alles über Wald und Wiesen,
nichts zu Energiesparbirnen.

Weltenschmerz und Herzbeklemmung,
Bienenflug und Wolkenziehn.
Alles drin. Doch Wärmedämmung?
Nicht. (Auch nicht bei Hölderlin.)

Weder Eichendorff noch Heine
schrieben dazu was aufs Blatt.
Keine Zeile, nicht mal eine
findet zu dem Thema statt.

Konnten die auch nichts von wissen,
liegt ja logisch auf der Hand,
Gletscherschmelze, Erderwärmung
waren damals unbekannt.

Zogen erst viel später gründlich
in das Weltbewusstsein ein.
Schlugen weder schrift- noch mündlich
nieder sich in Reimerein.

Appelliern wir an die Jungen:
Eure Werke wolln wir sehn!
Nichts ist euch bis jetzt gelungen!
Nichts in puncto Thermophen-

Doppelglas und Biomasse,
Brennwertkessel, Energie-
Effizienz und Schadstoffklasse.
Ach, was hätte ein Genie

wie, um nur mal eins zu nennen,
Fritz Eckenga draus gemacht ...
na, den wernse doch wohl kennen!
Gebense mal Ob und Acht!

In gehobnen Lyrikkreisen
galt Eckenga als gesetzt,
war bekannt als heißes Eisen.
Dann hat er sich schwer verletzt.

Eckenga wurde März Null Sieben –
mit Verdacht auf Dichtungsriss –
amtsärztlich kaputtgeschrieben.
Dann verlor er wohl den Biss.

Überliefert bleibt sein Leiden
an der großen Katastrophe,
durch des Spätwerks erste beiden
Zeilen seiner Anfangsstrophe:

*Prima ist der Klimawandel –
auch für den Gemüsehandel ...*

LYRIKERKRISE

Lyrik läuft nicht, weiß der Händler,
weil sie nicht die Masse trifft,
Inventuren sprechen Bände:
Reime sind schlicht Kassengift.

Lyrik lohnt nicht, spricht das Konto,
Verse machen mich nicht voll,
schau auf meinen letzten Auszug,
wenig Haben, reichlich Soll.

Lyrik leck mich, flucht der Dichter,
stiehlst die Zeit und nährst mich nicht,
brot- und trostloseste Mühsal,
mit Gedichten ist jetzt Schicht!

Lyrik liebt dich, haucht die Lyrik,
stimmt, ich hab dich oft geleimt,
hier die Zeile zur Versöhnung:
Ist zum Happy End gereimt.

*Für meinen langjährigen WDRadio-Reimredakteur Georg
»Doktor« Bungter und gegen seine viel zu frühe*
FRÜHVERRENTUNG

Fänomen wird forn mit P geschrieben.
Regelrichtig pholgt auf P ein h.
Üblich wär es unentdeckt geblieben,
Hätt man's so gesendet, doch es sah

Vor der Erstausstrahlung der Redaktor,
Einer, der gern selbst Sonette tippt,
Relativ bekannt auch als Herr Doktor,
Restlos angewidert auf das Skript.

Es erwuchs in ihm ein böses Ahnen:
Nähm er's Greisengeld der BfA,
Tät er fliehn vor falsch bedruckten Fahnen

Und die Unterhaltung stünde da,
Nach ihm vor sonettenden Banausen.
Georg Bungter ließ die Rente sausen.

Gedicht zeigen!*

WIR DÜRFEN
nicht länger schweigen!
WIR WOLLEN
uns von überflüssigen Wörtern trennen!
WIR WERDEN
uns mutig zum Endreim bekennen!
WIR MÜSSEN
Gedicht zeigen!

** für die gleichnamige Gedichte-Reihe, die seit 2013
in der Tageszeitung junge welt erscheint*

In Ewigkeit WAHRHEIT*

Das erste Opfer des Krieges
ist ja immer die WAHRHEIT!
Selbst im Falle des glorreichen Sieges
stirbt vorher zunächst mal die WAHRHEIT!
Die WAHRHEIT! Die WAHRHEIT! Die WAHRHEIT!
Müsst ihr sie immer als Erste
dem Kriege als Opfer bieten?
Ist es vielleicht einmal möglich
was anderes umzunieten
als verdammt noch mal immer die WAHRHEIT?
Die WAHRHEIT, die WAHRHEIT, die WAHRHEIT!

Nehmt doch mal Frauen und Kinder
als erste zu opfernde Beute!
Nehmt doch Kaninchen und Pudel,
von uns aus auch mal alte Leute.
Nehmt doch mal Berge und Täler,
nehmt Flüsse und Seen und Auen,
anstatt eure erstbesten Schläge
auf unsere WAHRHEIT zu hauen!

Wisst ihr denn nicht, wie viel Arbeit
ihr uns jedes Mal wieder macht,
wenn ihr mit euren scheiß Kriegen
die WAHRHEIT zerbombt und zerkracht?

Die Quälerei müsst ihr sehen,
wenn alles in Trümmern liegt
und trotzdem am nächsten Morgen
ein jeder die WAHRHEIT kriegt.

Die WAHRHEIT, die WAHRHEIT, die WAHRHEIT!
Ist immer als Erste verloren
und wird doch, wenn auch unter Schmerzen,
wieder- und wiedergeboren!
Die WAHRHEIT könnt ihr nicht morden,
weil es von Anfang an feststand:
Die WAHRHEIT ist ungefähr so
unkaputtbar wie weiland der Heiland!

Schaut in den nachtklaren Himmel!
Look at the twinkling starlight.
Ganz links leuchtet ewig versalisch:
Die WAHRHEIT, die WAHRHEIT, die WAHRHEIT!

Zum 10. Geburtstag der taz-Wahrheitseite. Für Carola Rönneburg, Barbara Häusler und Michael Ringel, die lange Jahre als Redakteure dafür sorgten, dass nicht wenige der hier versammelten Gedichte in WAHRHEIT erstveröffentlicht wurden.

Silbe günstig abzugeben

Ich sagte: Meins ist hier das Geben und das Nehmen!
Ihr dürft mich Schicksal nennen oder auch Gewalt,
und kommt mir eins von euch mit rhythmischen Problemen,
dann gibt's was auf die Silben, dass es knallt!

Ich fragte keine all der vielen, die hier stehen,
ob sie nicht wollten, pah, das war mir völlig schnurz.
Besagte sollten sich sofort im Handumdrehen
in Reih und Glied verorten, gleich, ob lang ob kurz.

Die Braven traten wie befohlen in die Zeilen
und rückten aneinander Wort für Wort.
Als eins verkante*te*te, tat ich es abfeilen,

den Rest, der über war, gab ich ganz günstig fort.
Wie glücklich jener Dichter, den ich so errettete.
Das *te* erreichte ihn, als er sich versonettete.

UMZUG DER VERSRHYTHMUSSTÖRUNGEN
für und mit F.W. Bernstein

Bindestriche Kommata
Satzschlusszeichen Hummtata
stören mir den Fluss im Witz
ziehen um zu Weigle Fritz
Solln die Interpunktionen
doch im Bernsteinzimmer wohnen

-‚!‚?.-‚;!.?:…-..‚‚?!‚‚—;
‚;‚?..‚‚‚‚.-‚;!.?:…;:-‚‚..!.‚
-‚!‚?.-‚;!.?:…-..‚‚?!‚‚—;
‚;‚?..‚‚‚‚.-‚;!.?:…;:-‚‚..!..

Ein Wort liebt das andere

Kuck mal, kuscheln die da?
Da läuft doch was, sieh dir das an!
Und jetzt auch noch tuscheln, au Mann,
ich glaub, es geht los! Nanana!

Ihr da, ihr seid nicht allein!
Das Licht ist noch an, ich kuck zu!
Macht das woanders in Ruh!
Türen dicht! Lasst keinen rein!

Aber doch bitte nicht hier!
Ihr seid doch wohl nicht mehr gescheit!
In aller Öffentlichkeit!
Und dann noch auf meinem Papier!

Am Ende hab ich auch noch Schuld
und werde als Kuppler belangt.
Als Lude – na, herzlich bedankt!
Jetzt ist hier Schluss mit Geduld!

Ob ihr euch wohl mal verzieht!
Rückzug ins Alphabet!
Sortiert, wie's im Dudenbuch steht!
Buchstaben, Abmarsch ins Glied!

Keiner, der euch nicht vergibt,
dass ihr's tut, ist schon gut, doch tut's still,
ich muss nicht dabei sein, ich will,
dass ein Wort das andere liebt,

ohne Publikum, leise, geheim –
stumm und privat sei der Reim.

Den Kopp dicht machen

Hinter meiner Dichterstirn
herrscht ein Komm'-und-Gehn.
Es zieht! Ich hab ein Loch im Hirn!
Sil-ben, bleibt doch stehn!!!
Husch ins Köpfchen! – du – bi – du
Wusch – Ich krieg's im Kopp!
La – le – lu – lu – Lu-ke zu!
Hiergeblieben! STOPP!

Pfff …

Hat kein' Zweck, ich geb es dran,
das Loch ist zu monströs.
Ich rufe jetzt den Notdienst an,
die Dichtung ist porös.

Versuch über Morgensterns »Möwenlied«
Löwenlied

Die Löwen sehen alle aus,
als ob sie Friedhelm hießen.
Sie tragen Zecke, Floh und Laus.
Nur Klaus,
der trägt 'ne Brille
(Versuch abgebrochen)

Nein, ich will nicht Grünbein sein

Himmel, Arsch und Wolkenzwirn!
Leistenbruch und Sackzement!
Kitt im Kopp und Harz im Hirn!
Gott, was bin ich schreibgehemmt!

Morgen steh ich vor Gedicht.
Oben Richter, unten ich.
»hemmt / zement«? Ich glaub's ja nicht.
Den Prozess verliere ich.

Krutzitürken! So ein Mist!
Zweimal »ich«, Karriere tot!
Reim identisch, Dichter frisst
lebenslänglich trocken Brot.

Grün- und Beinbruch, ach verdammt,
leck mich, dumme Schreibblockade.
Wenn es vorn und hinten klammt,
gibt's halt Durs und nicht Ballade.

An mir hängt das Bunzverdienzdings
mit 'nem Stern am Bammsel dran.
iPhone rechts und Bleistift links,
denn das Fölletong ruft an.

Michael Jackson tot? Nanu.
Ob bei mir Gedanken keimen?
Nö, dochdoch, ich schreib was zu,
Hauptsache, ich muss nicht reimen.

MIT MIR IM REIMEN

»Sueton wäre entzückt gewesen, Tacitus düster.
Fatale Zeitgenossenschaft: mit diesem einen
Gehn Jahrzehnte der eigenen Pantomime dahin.
Arme Frau in der Via Condotti. Sie tut mir leid.«*

Römisch transpirierte Zeilen,
abgeliefert wie bestellt.
Dreiundranzig Langeweilen,
lyrum larum ZEIT ist Geld.

Pöt-Professor werd ich werden,
wie der Durs in Düsseldumm.
In Pariser Friedhofserden
dreht sich Heinrich Heine um.

Gibt zwei Reime hoch nach oben,
mir, der nun sein Reich verwest.
Leichengiftgetränktes Loben
neuer deutscher Dichtkunst, lest:

»Sie haben des Redners Haupt geschmückt
Mit einem Eichenkranze.
Er dankte stumm, und hochbeglückt
Wedelt' er mit dem Schwanze.«**

Ich reichte ihm das Stück hinab:
Sorry, war nur schreibblockiert.
Fühlte mich kurz schwach und schlapp,
hab mich wegimaginiert.

Kommt nicht wieder vor, Herr Heine,
Durs muss selber Grünbein bleim,
Ambitionen? Weiter keine,
außer einem reinem Reim.

*Aus: Durs Grünbein: »Sphinx des Pop«, DIE ZEIT 02.07.09
**Aus: Heinrich Heine: »Die Wahlesel«, H. H., Sämtl. Werke, Winkler

Helbst

Hauchte nicht Geheimrat G.,
zwischen Faust, Part One and Two,
irgendwas mit »Loch im Schuh /
bald spürst du den Herbst im Zeh«?

Herbstgedichte, ungezählte,
meines Wissens maxte Frisch
täglich Dutzende vom Tisch,
wenn ihn der Oktober quälte.

Poesie, im Herbst vernichtet,
im November rumpelt's rum,
rumms, da fiel die Mauer um,
von Bumms Biermann hingedichtet.

Herbst, verursachst manchen Riemen,
wenn der Storch nach Süden flieht,
wenn es Grass im Zipfel zieht,
güntert's grässlich im Intimen.

Allerdings gibt es auch gute,
manche lesen sich von selbst,
dieses hier von Jandl: »Helbst /
Brättel, Neber, Ute, Schnute.«

Balladenkrampf in Weimar
Zum 250. Geburtstag von Friedrich Schiller

Fritze Schiller trinkt wieder.
Da öffnet sich geschwind
die zweite Hand.
Daraus rinnt
mit schwarzer Tinte
ein Satz hervor.
»Wie der die Zeile wohl fand? Nee: Find'?«,
brüllt er laut.
Schlägt den Takt mit dem Kiel:
»Er hasst meinen Stil!«
Und blähet die Lunge
und strecket die Zunge
ins Weinglas hinein.
Ersäuft er den Neid?
Schiller, jetzt schon voll breit,
sticht die Feder ins Blatt wie ein Messer:
»Da kannste nix machen.
Das Frankfurter Würstchen ist einfach besser.«

Happy End

Ich habe soeben
ein Buch gelesen,
dagegen kommt's Leben
einfach nicht an.

Prolog mit fünf Toten, drei am verwesen,
plus zwei Pathologen, die sich fast bogen
vor Lachen, und dann
ging es recht heiter
immer so weiter.

Der Held oder Star
war kein Kommissar,
sondern der Chef 'ner Privatdetektei.
Er entfloh dem beruflichen Einerlei
durch bummsfidele Vielweiberei
zuzüglich zügigem Drogenmissbrauch,
alles dabei, also Kokain auch.

Ich schätze, man spricht bei so was von Thriller,
nach zweihundert Seiten acht Serienkiller,
auf jeden entfielen zwölf Opfer im Schnitt,
ich zähl die Vermissten jetzt gar nicht mal mit.

Schuhfetischisten und Kannibalen,
zwei Amis, drei Russen mit Wohnsitz Westfalen,
der Detektiv wie gesagt voll versaut,
an jedem Tatort 'ne andere Braut.

Sagte ich schon, dass er unmäßig soff?
Ich sag's Ihnen, dieses Buch triefte und troff.
Es lief praktisch über von Flüssigkeiten.
Ich ging dazu über, nach jeweils 10 Seiten,
das Wohnzimmer gründlich durchzuwischen,
zu desinfizieren, wie die mit den Tischen,
bei denen nachgrade die Fetzen flogen,
die lustigen – eingangs erwähnt – Pathologen.
Die nahmen es mittlerweile als Sport,
sezierten in Wechselschicht und im Akkord,
denn die Serien rissen nicht ab,
die Killer machten und machten nicht schlapp.

Am Ende wurd' es dann voll primitiv,
am Ende starb der Privatdetektiv
an einer dussligen Lungentzündung.
Ich ging dann zum Autor und hielt ihm die Mündung
meines Revolvers an seine Stirn:
»Hasta la vista, Mann ohne Hirn!
Noch ein einziges Wörtchen und du bist kalt.
Ein einziges Mördchen und du wirst nicht alt.
Nie wieder Leichen und du darfst leben!«
Er hat mir darauf sein Wort gegeben.

Das Happy End dieser dummen Geschichte:
Er schreibt jetzt für Kunstmann – vor allem Gedichte.

Zur Entstehung dieses Buches
Nachwort zu »Fremdenverkehr mit Einheimischen«
(2010)

Im Januar war ich sehr arm,
drum rief ich bei Frau Antje an.
Frau Antje riet: Schreib doch den »Schwarm«!
Im März war ich gemachter Mann.

Ich gab ihr eine Hälfte ab,
sie saus- und brauste bis April.
Im Mai wurd' der Schampanja knapp,
drum rief sie an: Pass auf, ich will

im Juni ein Verlagshaus baun.
Mach ruckzuck tausend Seiten voll,
so ungefähr wie der Dan Brown.
Im Juli druckte sie »Symboll«.

August, der Hochhausrohbau stand,
doch Antjes Konto sah kein Land.
Sie lebte schon vom Flaschenpfand,
drum schrieb ich diesen Lyrikband.

Und kaum war der September rum,
bezog sie ihr Imperium.
Das Buch ging wie geschnitten Brot.
Frau Antje lebt jetzt ohne Not,

für immer aller Sorgen bar,
und ich, na ja, bin Superstar.

Verzeichnis der GEDICHTTITEL und *Gedichtanfänge*

A B F 196
Aaaaaach sei leise, Leib, lass nach 125
Abgewandt von eigner Dichtung 406
Ach du Schöne, du bist einfach wunderbar 199
ACH JOTT, JANUAR ... 145
Ach, das deutsche Tier war zahm 320
Ach, es gibt so viele Gründe 286
Achtzehn Stunden an dem runden 288
Adorare mondiale campione 316
ADVENT VERBRENNT 163
AFFENTANZ IM GIPFELGLANZ 301
All die totgekochten Fische 93
ALLE FARBEN FRAU 202
ALLEIN GEGEN DIE MAFIA 26
Allen forschen Platzreportlern 312
Aller Spargel abgestochen 91
Alles passte, wackelte und hatte 267
Als alles noch traurig-novembrig erschien 62
Als Anhänger von Bielefeld 344
Als der HErr Westfalen machte 56
Als der Lenz Zweitausendeins 149
Als er meine alte Mutter 317
Als ich sie zur Notdienststunde 186
Alt und braun und voller Schlieren 208
Am Anfang des Tages 232
Am Sonntag ruhte Gott wie bekannt 104
Am zweiten Tag gab sich der Schöpfer 98
Amsel, Drossel, Fink und – pock 246
AN DIE VERÄCHTER DES SOMMERS 428
An Herrn Goethes Dichterhofe 408
AN TAGEN WIE DIESEM 177

VERZEICHNIS

An Tagen wie diesem, da braucht es nicht viel 177
Anette hab ich ungefragt genommen 200
Angetreten! 36
ANZEIGE 205
AP NÖ 80
Apfel der Erde 86
ARD, SONNTAG, 20:48 UHR 81
Asphalt, Teer, Beton und Stahl 248
Auf den breiten Autobahnen 151
Auf der Animal Wellness & Beauty Farm 236
AUF DER SUCHE NACH DER VERLORENEN ZEIT 327
Auf Veranlassung von Bus 294
AUFRUF ZUR ERFÜLLUNG DER PATRIOTISCHEN PFLICHT! 278
AUFSCHWUNG IM ZOO 235
AUGEN ZU! 155
AUS ERFAHRUNG UNENTSCHIEDEN 346
AUSSER HAUS 24

Bald schwanger werden soll die Sau 240
BALLADE VON DER LABORTECHNISCHEN ASSISTENTIN, DIE UMSATTELTE UND SO DAS GLÜCK FAND 330
BALLADENKRAMPF IN WEIMAR 424
BANAUSEN 194
BAUCH- UND BVB-WEH 15
BEIM ARZT 124
BEIM LÄUTEN DER ZWIEBEL 300
BELIEBTES DEUTSCHLAND 325
Bereits im ersten Grauen lieg ich wach 67
BERICHT ZUR AKTUELLEN VERSORGUNGSLAGE IN EINEM PRIVATHAUSHALT 130
BERLIN, BERLIN, WIR FAHR'N NICHT NACH BERLIN 259
BESTSELLERESSEN KOCHEN! 134
Betrug, Betrug! Das ist kein Zug 205
Bindestriche Kommata 417
BITTE WEITERBEISSEN, OLIVER KAHN 354
BITTE, SCHNITTE! 89

BLINDVERKOSTUNG 115
BRÜCKE DER VERSÖHNUNG 179
Brunzend steht der Maibock 238

CHEZ BENEDICT 108
CITY-TUNNEL UNNA/WESTFALEN 59
Claudia Roth, du grüne Hoffnung 28
CRISTIANO RONALDO 355

Da draußen ist's mir zu beblüht 14
Das alte Jahr? Ach ja. Ja klar 172
DAS BAYERN-GEN 312
DAS BAYERN-GEN *(Vol.2)* 324
DAS DEUTSCHE LIED VOM AUFSCHWUNG 292
Das erste Opfer des Krieges 414
DAS GESETZ DES SOMMERS 154
Das Inland verstummt, das Ausland erschrickt 353
Das ist ein freies Land 74
Das Krankheitssystem muss in Rente gehn 296
Das Leben war hart, sie nahmen es leicht 393
DAS LETZTE LICHT ÜBER DEM EFFENBERG 276
DAS METHUSALEM-KOMPOTT 10
DAS SCHLECHTE SPIEL 362
DAS SCHLUSSWORT 138
DAS VORNEHME SCHWEIN 247
Das vornehme Schwein äußert Unmut dezent 247
Das weiche Licht des Sieges flutet Seelen 313
DEM GARTENZWERG 77
DEM SCHÖNEN UND GUTEN 30
Dem Trainer Werner Lorant 358
DEM UNBEKANNTEN ZDF-SKIREPORTER 328
DEM ZWÖLFTEN TEIGLING 120
Den Deutschen mag man international 325
DEN KOPP DICHT MACHEN 419
Den Sprinter schien ein Jet zu ziehn 332
DEN VERSPIELTEN DEUTSCHEN FRAUEN 315

Denkt doch bitte im Advent 251
DER BAB-BREHM 248
Der Ball war krank, wollt Medizin 318
Der brasilianische Stürmer 356
DER CHRIST ISST 107
Der Duden duldet Werner's Grillwurst, 135
DER FALL CAMPANILE 220
DER FLACHETAPPENSPEZIALIST 386
Der Herbst, die Zeit des Bastelns naht 284
DER HUMMERAST 114
Der Jägersmann jagt aus dem Bild 230
DER KAMPF IST VORBEI 347
DER KASSENPATIENT UND SEIN ORTHOPÄDE SCHLIESSEN EINEN FÜR BEIDE PARTEIEN BEFRIEDIGENDEN GESUNDHEITSKOMPROMISS 79
Der Leistungssportler? Voll verlogen! 330
DER LITAUERINNENWALZER 221
Der Mitmensch ist in meiner Welt 268
Der Mittwoch ging in Geschichten ein 99
DER MOTTENMOLCH 250
Der Mottenmolch strolcht durch den Tann 250
DER MÜNTE-ZYKLUS 368
Der Pfad des Träumers zieht sich zu den Sternen 116
DER PIERCING-VERTRETER ERZÄHLT 281
DER TEUFEL HAT DAS FIX GEMACHT 104
Der Torwart geht zum Kreidestrich 314
DER TRAINERHERBST 22
DER UNTERGANG II 282
DER UNTOTE NACHBAR (1) 66
DER UNTOTE NACHBAR (2) 67
DER WEIN WAR EIN GEDICHT 12
DEUTSCHE GÄRTNER! 76
DEUTSCHLAND IM BASTEL-HERBST 284
DEUTSCHLAND OHNE KINDER 262
DEZEMBER FRAGEN 161
Dezember, was willst du mir sagen? 161

Dichtung ist Verpflichtung zur Verdichtung 403
Dicke Rippe, fettdurchzogen 111
DICKES G. 176
Die Arbeit wird jetzt sofort ruh'n 127
Die Bad-Bank ist nicht gut zurecht 279
DIE BANK WAR SCHLECHT 279
Die deutsche Bio-Lehrerin 215
Die deutsche Frau kriegt keine Kinder! 262
Die Fliege sitzt im Mist 175
DIE GUTE TARTE 88
Die Jahre gehn wie Heu – Moment – wie Fliegen? 407
Die Kanzlerin, die Kanzlerin 366
Die Kirsche beerdigt 109
DIE KLUGEN BÄREN 244
DIE KURZE RÜCKKEHR DES PYTHAGORAS NACH SAMOS 210
DIE LEIDEN DES ALTEN GENOSSEN 290
DIE LETZTE SILVESTERANSPRACHE DES
    BUNDESPRÄSIDENTEN JOHANNES RAU 394
DIE LETZTEN FÜNF MINUTEN VON WEMBLEY 340
Die Litauerin / die Litauerin 221
Die Mächtigen hielten den Atem an 260
DIE SCHÖNHEITSFARM DER TIERE 236
Die Schöpfer schuf das Arbeitstier 244
Die Supermarktkette lädt jährlich 206
DIE TRAURIGE BALLADE VOM BUNTEN OSTEREI 94
Die Umstände haben das Sagen 195
DIE UNROMANTISCHE GESCHICHTE VON BÄRBEL (HÖHN)
    UND PEER (STEINBRÜCK) 390
DIE VISION LEBT 260
DIE WANDLUNG 107
Die Wolken regenschwanger, schwer 22
DIENSTAG DEN DEUTSCHEN 98
DONNERSTACH 100
Du bist nicht da, ich habe keine Lust zu schlafen 182
DU DA 182
Du hast den Spott der lauten Schwätzer stumm ertragen 77

VERZEICHNIS 433

Du lächelst fein, dein Mund so zart 397
Du sagst so falsche Sätze 190
Dutzi Olli Kahni 352

Eichel, Hans, du Held der Zahlen 382
EIN ALTES UND EIN NEUES JA 172
EIN FILM VOM GLÜCK 183
Ein grauer Regen ließ es Emmas Wetter werden 38
Ein Hau, ein Ruck, soweit so klar 368
Ein Häufchen weißer Dreck 148
EIN NEUER ANFANG 397
Ein süßes kleines Ferkelvieh 253
Ein warmer A 196
EIN WORT LIEBT DAS ANDERE 418
EINE LETZTE ZIGARETTE MIT ULLA SCHMIDT 380
EINFACH 29
Einmal ein Unternehmen leiten 19
EINMAL IM LEBEN 19
Eiswürfel rutschen den Buckel runter 153
Elfter Achter morgens 155
EMMAS WETTER 38
ENDREIMREDAKTIONSSITZUNG IM WIGWAM
    DES HÄUPTLINGS EIGENER HERD 136
ENTSCHEIDUNG 187
Er fräste sich durch Fels und Firn 218
Er reckt wie in Bremen der Roland 59
ERST KOMMEN DIE POMMES, DANN KOMMT DIE MAYO 135
ERSTE HERBSTHILFE À LA BOURGUIGNONNE 92
Es brummt dem deutschen Einheitstropf 158
Es fiel nach langer Zeit ein harter Regen 156
Es hört ihm niemand zu, wie dumm 270
Es ist nicht aus Erz, dein Kleid 387
ES KANN NUR EINEN GEBEN 72
Es muss ein toter Dialog 271
Es muss ihn auch weiterhin geben 122
Es schleicht ein U-Boot durch die Nacht 223

Es wird über seinen Hingang berichtet 71
Etwas in mir is größer als ich 85
Etwas in mir! 85
Etwas Zeit, Geduld, Vertrauen 176

Falten, tief wie Schützengräben 376
FAMILY-DAY IM PARK 206
Fänomen wird forn mit P geschrieben 412
FERNFAHRERTELLER AUTOBAHN-RASTSTÄTTE
    KATZENFURT (9,00 €) 122
FIRST CLASS 49
FISH AND SHIPS 223
FLEISCH UND WURST 406
FREIGEHALTEN 180
FREIHEIT UND HEIMATKUNDE, ODER: DEUTSCHLAND WIRD
    IMMER NOCH AM HINDUKUSCH VERTEIDIGT 294
FREITAGS FISCH 101
FREUNDESKREIS SCHRÖDER 393
FREUNDSCHAFTSWOCHE DES DEUTSCH-ARABISCHEN
    SCHLAGERS 304
FRITZ ECKENGA UND DIE KÜHLKAMMER DES SCHRECKENS 112
FRITZ EHEC-KENGA MEETS DIRTY HARRY 124
Fritze Schiller trinkt wieder 424
FRÜHLINGSANFANG 2001 149
FRÜHVERRENTUNG 412
Fünfunddreißigstundenwochen 292
Fünfzehn dreißig: Süßes Futter! 130
Fünfzehn Mal war ich schon drin 282
FUSSBALL UND VERSTAND 348
FUSSBALL-WM 2010: DIE WICHTIGSTEN
    VORRUNDENSPIELE IM ÜBERBLICK 321
FUSSGÄNGERZONE, DIENSTAG, 15:45 UHR 270

Ganz gleich, wohin ich derzeit seh 348
GARTENBESITZERS NACHTGEDICHT 404
GEBURTSTAGSCHOR DER GEZEICHNETEN 246

VERZEICHNIS   435

GEBURTSTAGSGEDICHT FÜR ULRICH 69
GEDICHT ZEIGEN! 413
GEFLÜGELGEREIMTES 127
GEHEIM: MERKELS NEUES TATTOO 366
Geht es dir gut? 29
Gern fahr ich aus freien Stücken 24
GESENDET WIRD IMMER 293
GEZIELT GEBEN 227
Ging der Mensch still in sich rein? 169
GIPFELSTÜRMERS BESTER FREUND 218
GLÜCK 04 313
Glühwürstchen Glühwürstchen, grille, grille 109
Gott, wie wir den trüben Tag verfluchten 178
GOTTES LANGSAMSTE SCHÖPFUNG: WESTFALEN 56
GROSSE FERIEN 215
Großer, alter Fußballbund 347
Grün lag der Kopf auf dem Holze 21
GUT GERÜSTET GEGEN FUSSKÄLTE MIT
   ALTEN SIBIRISCHEN VOLKSWEISHEITEN 162
Guten Tag, Herr Doktor 79
GUTER TAG 47
GUTER VORSATZ 171

hab jetzt suppabillig flätträt 37
Habe hundert Stück Gedichte 9
HAFTUNG 52
HALLOWEEN 287
Halt die Klappe, Thor der Woche 100
HÄNDE WEG! 312
HAPPY END 425
HARTMUT M.: KLEINER MANN GANZ GROSS 398
Hast den Strafraum nie beherrscht 354
Hast du noch das Fotoalbum 180
Hau mich hart, Matthias Sammer 326
Hauchte nicht Geheimrat G. 423
Häuptling Klink zu Krieger Droste 136

Heiko Herrlich, ehrlich 351
HEILIGABEND 167
Heiligabend, stille Stimmung 167
HELBST 423
HELD WIRSING 21
HERR KOMÖDIANT 307
HERRGOTT, HILF HORST! 311
HERRLICH (HEIKO) 351
Heute bin ich hinter Wänden 49
Heute wollen wir Schönes bedichten 30
HILFERUF EINES WAHRNEHMUNGSGESTÖRTEN 272
Himmel, Arsch und Wolkenzwirn! 420
Hinfallen, aufstehn und Fahrrad fahrn 384
Hinter meiner Dichterstirn 419
HOCHLEISTUNGSZUCHT UND MORAL 240
HOFFNUNG, WEITER LINKS 91
Huch! Nanu! Du dickes Ei! 162
HUND UND HAUFEN 239
Hundertfünfzehn Kardinäle 396

Ich bin ein Fuchs, ich spare Geld 124
Ich bin mein eigener Musterkoffer 281
Ich bin nicht mehr Herr meiner Hörorgane 48
Ich hab mir nen Vorsatz vorgenommen 171
ich habe heute früh schon was geLESEN! 134
Ich habe im Fernsehn den Kanzler gesehn 290
Ich habe soeben 425
Ich hatte gestern einen Termin 53
Ich könnte aus dem Leben gehn 187
Ich ließ mir alles, was nur ging, verlängern 274
Ich mag nichts in den Ohren haben außer Schmalz 190
Ich rufe die Jugend der Welt 338
Ich sagte: Meins ist hier das Geben und das Nehmen! 416
Ich sank vor den Altar 226
Ich saß am Dortmund-Ems-Kanal 107
Ich und dein Hund gehen immer noch aus 184

VERZEICHNIS   437

ICH WEISS NICHT *175*
Ich weiß nicht, warum ich bei Kerner war 272
Ich weiß nicht, was soll es bedeuten 55
Ich werde berühmt, werd' Legende, ein Star 231
Ich will keine gleichen Bedingungen 265
IM DIENSTE DER SCHÖNHEIT 90
IM DIENSTE DER VÖLKERFREUNDSCHAFT 353
Im Januar war ich sehr arm 427
IM KABARETT 306
IM KANZLERAMT BRENNT NOCH EIN LICHT 388
Im Kühlschrank friert ein Stückchen Harzer Käse 126
Im Rahmen des Vertretbaren 306
IM SENDELOCH 2001 216
IM WUNDERSCHÖNEN MONAT ZWEI 14
Im Zoo war's neulich wieder leer 235
Immer dasselbe. Kaum lief es los 146
Immer wenn der Christbaum brennt 394
Importierte Weißmehlsklaven 120
In alpinen Sprechkabinen 328
In diesem Film vom Glück sitzt sie 183
In Dortmund, Duisburg, Essen 54
IN EWIGKEIT *WAHRHEIT* 414
In Nepals Bergen steht ein Zelt 301

JA BITTE! 40
Ja sicher, bellt der faule Hund 239
JA, RUDOLF SCHARPING 384
JAHRESABSCHLUSSBILANZ 9
JEDEM SEIN FALL 54
JOSEPH, KOMM JETZT! 378
Joseph, los du! 378
Junges Ding aus Bövinghausen 194

KAMPF DEM ÜBERGEDICHT! 39
Kartoffeln schälen 12
KÄSE! 126

KÄTHE, BLEIB! 360
KEIN ERFOLG
kein Pulsschlag pocht 80
KEIN WEIHNACHTSLIED 166
KEINE GLEICHEN BEDINGUNGEN, BITTE 265
KEINE WAHL 400
Keller – Fliesen – Neonlicht 81
KINDERGEBET ZUM SAMSTAG 103
Kinderzeit, so schnell versunken 52
KLEINER GRUSS AUS DEM GARTEN 109
KLIMA-DICHTUNG 408
Kommt alles so, wie's kommen muss! 168
KÖRPERWELTREISE 231
KRIEGSMINISTERS HOCHZEITSLEID 376
Kuck mal, kuscheln die da? 418
Kurze große letzte Sätze 375
KUSS UND SCHUSS 356

Lag auf dem Grunde der Suppenterrine 131
Lang war des Gelehrten Reise 210
Lange Sätze könnt' er nicht 372
Lass die schlechte TAJT verrinnen 75
LASS ES KRACHEN, HANS! 382
Lass uns tiefe Räume finden 311
LE TOUR DE FRANCE DIX-NEUF-QUATRE-VINGT-DIX-NEUF
    SANS MOI 20 ETAPPEN UND EIN PROLOG 334
LEBEN WIE BALL IN FRANKREICH 318
LETZTE ANSPRACHE DES TRAINERS 361
LETZTE WORTE DES LETZTEN VORSITZENDEN 375
Leute! Heute! Alle Mann! Raus! Und jeder! Los! 361
Lieber Gott, mach mich fromm 103
Lindenblüte. Quitte. Honig 115
LOLLI FÜR OLLI (KAHN) 352
Lyrik läuft nicht, weiß der Händler 411
LYRIKERKRISE 411

VERZEICHNIS 439

MAIBOCKS FRÜHLINGSFRUST 238
MAILTO:MEGRYAN@HOLLYWOOD.USA 198
Mal angenommen, Käthe 360
Man darf das nicht vergleichen 15
Man zeigt als Mensch nicht nackte Schwarte! 154
Manches Leck're, vieles Gute 32
MASSE UND KLASSE 365
MEHR TORE, MEHR NETTO 314
MEIN LAND 74
Mein Schatz, wir haben doch gar kein Problem 188
MILLE GRAZIE, BAUERN DER TOSCANA 219
Mit Hochachtung, großes britisches Volk 222
mit tinte so blau wie ich selber 198
MITMENSCH RAUS 268
MITTWOCHS MARKT 99
Möchte der Angeklagte noch etwas sagen? 138
Moden kommen, Moden gehen 108
MONTAG, DER ERSTE 97
MORGENAPPELL 36
MÜNTE, MANNA, MARGARINE 370
Mutter ahnte – nein – sie wusst' es 50

Nach der Wäsche hängt der fesche 165
NACH ÜBER FÜNF JAHREN 184
Nacht, so schrecklich lang und grau 400
NACHTSITZUNG DER VERHANDLUNGSKOMMISSION 288
NEIN DANKE! 41
NEIN, ICH WILL NICHT GRÜNBEIN SEIN 420
NEVER ENDING KONKLAVE 396
Nichts dringt ans Ohr 269
NIEDERSCHRIFT DER AUSSAGE ZINÉDINE ZIDANES VOR DEM
    DISZIPLINARAUSSCHUSS DES WELTFUSSBALLVERBANDES
    FIFA BZGL. SEINER TÄTLICHKEIT GEGEN MARCO MATE-
    RAZZI IM ENDSPIEL UM DIE FUSSBALLWELTMEISTERSCHAFT
    2006 ZWISCHEN ITALIEN UND FRANKREICH (5:3 I.E.)
NIEMALS ... 201

No Loreley, no cry 55
November 16
November, der Widerruf 159
November, Held der Monatsrecken! 159
November, schwarzer Monat du 16
NSA und BND 367

Ob Käfig- oder Freilandhuhn 94
Ob mit tüchtigen Verwandten 78
Oben am Steilhang 327
Oben lag der Apennin 26
Obwohl ich sie schon drei Mal hab 227
Ode an die Antarktisblume 70
Offener Brief an den Vermittlungsausschuss 297
Offener Brief an die Fussballweltmeister 2006 316
Oh Blume der Antarktis 70
Oh du fröhliche Gebrauchsanweisung 165
Ohren auf Reisen 48
Ohrenschmaus 125
Olympia 2004 ruft die Jugend der Welt 338
Onkel Willis Finas-Wolke 51
Oppa aß gerne das Harte 128
Oppa, hab Dank! 128
Orkan Dondor 320

Paradies 37 178
Paragraf 1 403
Paragraf 2 403
Paris? Für mich komplett passé 214
Paris? Je ne comprends pas! 214
Partystimmung? Mucke? Tanz? 164
Patientenpassion 296
Paul-Frederic kommt nicht in die Sieben 266
Pfingsten 150
Pfingsten steht im Lexikon 150
Plages 232

VERZEICHNIS 441

Poet & Athlet 71
Polonaise, Pütt & Bütt 64
Prominenten-Fragebogen 45
Prost jedes Neujahr 168
Protokoll der Jahreshauptversammlung
    meiner Ich-AG 53

Queen of Green 28

Rabattrepublik 298
Ratschläge zur Vermeidung hitzebedingter
    Auseinandersetzungen im partnerschaftlichen
    Miteinander 188
Rauchverbot im Stall zu B. 164
Regen, Fluch und Segen 156
Regenfall 190
Reiseliteratur auf Augenhöhe 34
Respekt 326
Rinderreime im Advent 2000 251
Rosinante – eine grosse Karriere 110
Rote Augen. Grünes Haar 202
Rüttgers, der Rächer, richtete viele 392

's ist Frühling, Deutsche, und zwar nur zwei Tage 76
Sag Ja zur Wirklichkeit 117
Samstagmorgen, liebe Leute 259
Scharping spürt den Gipfelkitzel 386
Schattenreich der kalten Qualen 112
Schatz, ich schätz mal, um halb neun 197
Schicksal Garderobensofa 208
Schiri, sag mal, bist du blind?! 362
Schnitte, ich schnitt dich vom Laibe 89
Schon wieder vier Jahre rum 170
Schöne der Nacht 86
Schöne Polizistin 199
Schöner decken 131

SCHÖNGETRUNKEN 186
SCHREBERS NICHTGEDICHT 109
SCHWEINEG R.I.P. PE 253
SCHWERWIEGENDE ARGUMENTE GEGEN DIE ANSCHAFFUNG
  UND BENUTZUNG VON MOBILEN, KOPFHÖRERABHÄNGIGEN
  MUSIKABSPIELGERÄTEN (IPOD O.Ä.) 190
Schwierig, mit Zeilen so hauszuhalten 39
SECHZEHN DUMME FRAGEN 258
Sehr geehrter Vermittlungsausschuss 297
Seht die tiefen Kluften dieses Mannes 391
Seht nur all die vielen bunten Birnen 163
Seit du fort bist – diese Lücke 179
Seit wann wird denn im Krieg geschossen? 258
Sie ging nur Zigaretten kaufen 201
Sie lieben nicht einander, doch sie binden 390
Sie warn zurecht dafür bekannt 307
Sieebenhundertfünfzig Gramm Synapsen 264
SILBE GÜNSTIG ABZUGEBEN 416
SMS AN ALLE 37
SO NETTE FÜNFE 200
So viel gerne hingegeben 196
So vieles, das gegen Deutschland spricht 275
SOMMERFERIEN 157
SOMMERLICHES ABENDMAHL (MIT HEINZ) 111
SONDERBEGABUNG 264
SONETT 130 IM INDUSTRIERAUM 60
SONETT VOM ABWESENDEN HERRN OBER 116
Sonntags morgens um sechs 242
SONNTAGSSPAZIERGANG 242
Sorgte mich, als ich dich fand 228
Später Morgen und noch dämmrig 47
SPORTLER NICHT ESSEN 332
STELLE 191
Stelle heißen Sterne 191
STELLENSTREICHUNG IN DER PRIVATWIRTSCHAFT 195
Stellst dich gerne nach den Spielen 355

STÉPHANE »SCHAPPI« CHAPUISAT ZUM ABSCHIED 350
STERNFAHRT 185
STILL RUHE DER KOMA-SEE 93
Still ruhn die Reihenhausreihen 157
Stille, Trauer, Einsamkeit 166
Stützezieher, Arbeitslose 278

TAG DER ZEUGNISAUSGABE 266
TATORT SONNTAG 271
TATORT STRASSE 230
TAUWETTER 148
Ted, ein cooler Cop wie kaum ein Zweiter 252
TEDDYBAERBLUES 252
TELEFONISCHE VERABREDUNG 197
THE EMPIRE OF FAIRNESS 222
Thirteen five twenty five 340
Tief stand die Sonne am Abend des Mai 276
TIERE SUCHEN EIN ZUHAUSE 32
Träge wirft ein Büffelkäse Blasen 219
TRAINERWECHSEL 358
TRINKEN 132

ÜBER GEWISSE KLEINIGKEITEN 192
Über gewisse Kleinigkeiten seh ich hinweg 192
UMWELTENGEL GABRIEL 387
UMZUG DER VERSRHYTHMUSSTÖRUNGEN 417
Und hopp – und ex – die liebe Zeit 191
Und wieder sieht man, was man kennt 312
Unscharf wird im Hintergrund 69
Unter seidenmattem Pony 110
UNTERHALB VON BIELEFELD 344

Verehrte Frau Gesundheitsschmidt 380
VERGÄNGLICHKEIT 407
VERLÄNGERUNGSSONETT 274
VIER GRÜNDE, STOLZ AUF DEUTSCHLAND ZU SEIN 286

VIER MAL REIMEN WIR NOCH WAS ... 18
Vier Wochen keinmal Wickert 216
VÖLLEREIBEDINGTE GASTROINTESTINALE REAKTIONEN
   IM ABDOMINALBEREICH MIT OFFENEM, ABER
   BERUHIGENDEM AUSGANG 125
VOM WESEN DER BESEN 228
Vor dem Schreiben, nach dem Schreiben 403
Vor mir an der Theke sind 117
Vorm schiefen Turm von Pisa 220

War immer ein Mahner 300
WARUM JETZT? 50
Was aß denn der HErr damals montags? 97
WAS BLEIBT 196
Was ist denn das da 66
Was ragt da aus der Ebene? 365
WAS SPRICHT FÜR DEUTSCHLAND? 275
Was tut sommernachts der Dichter? 404
WEIHNACHTLICHER BEITRAG ZUR INTEGRATIONSDEBATTE 162
WEIHNACHTSGANS 96
WEIHNACHTSMANN 280
WEIHNACHTSWEHKLAGE 51
Weihnachtswermut würgend in der Kehle 280
Weil angeblich freitags Herr Jesus 101
Weil sie mich beglückte wie noch keine 96
Weil's in diesen Tagen wenig sagen 132
Weißt du noch, am fünften Mai?
Welche Gestalten in der Geschichte 45
WENN DER ALTE HAUTARZT ERZÄHLT 78
Wenn der rohen Treter Stollen 350
Wenn der Schnee im Jänner fällt 170
WENN DIE ANDERN FEIERN 147
Wenn die süßen Sahnen wehen 124
Wenn die Weiber ihre Schnüsschen 147
Wenn du großen Hunger hast 114
WENN EBBE IST, WENN EBBE IST 372

Wenn es novembert im Gemüt 92
Wenn im Herbst die Rübe glüht 287
Wenn Ostwind bläst, wenn Lippe reiß 18
Wenn wir ruhen, bewegt er die Wel 388
Wenn zwischen Gruga-Park und Messen 64
Wenn's kalt von unten zieht bei dir 162
Wer klopft an meine Magenpforte? 88
Wer sagt denn immer, die Deutschen 298
Wer wie wir Erfahrung hat 346
Wer wird warten, wenn ich gehe? 10
WERKTÄTIGE, HERAUS ZUM KAMPFTAG
  DER ARBEITERKLASSE! 151
Wie der Junge von Herrn Gott 145
WIE SCHÖN 20
Wie schön, dass das damals nichts wurde mit uns 20
Wie viel Liedern muss ich lauschen? 34
Wie viel schöner, deutsche Frauen 315
Wild- und moser 359
Wildbäche rauschen durch die Nacht 125
WIR DÜRFEN nicht länger schweigen! 413
Wir ham auf dem Balkon geraucht 185
Wir melden uns nicht aus Bagdad 293
Wir müssen den Gürtel noch enger schnallen! 257
WIR? 257
WIRTSCHAFT IST FÜR DIE MENSCHEN DA! UND DEMOKRATIE
  GEHÖRT ZUR WIRTSCHAFT MIT DABEI! 368
WO IST EIGENTLICH HERR POFALLA? 367
Wo kleine Männer gerne stehn 398
WOHIN GING DER MENSCH? 169
WØHNST DU NØCH? 75
WOLFGANG CLEMENT STELLT EINEN ANTRAG AUF
  ARBEITSLOSENGELD II 391
Würd' man nasse Katzen wringen 370
WÜRGEN R. 392
WURMKUR 226

You're welcome, M'am!!! 62
Zehn 191
Zugewinngemeinschaft 267
Zum 3. Oktober – Alle Kassen 158
Zum siebten Januar 146
Zur Entstehung dieses Buches 427
Zur Weihnacht brat ich Gans 107
Zwei am Rande, ruhig schlafend 90
Zwei begrüssenswerte Seuchen 269
Zwei wie Pech und Schwefel 359

Vorläufige Schlussbemerkung

Wann erscheint denn der nächste Gedichtband? Ich sag rechtzeitig Bescheid, wenn es so weit ist. Bis dahin sollte dieser eigentlich reichen. In ihm sind die meisten meiner Gedichte vereinigt, die ich bisher geschrieben habe. Mein herzlicher Dank gilt Antje Kunstmann und allen Kunstfrauen und -männern, die seit Jahren auf meine Arbeit Wert legen wie ich auf ihre; besonders Petra Niemeyer, Andreas Schäfler und Tilman Göhler.

Einige Gedichte sind mit Anmerkungen versehen. Hier und da erschien es mir notwendig, den Anlass ihrer Entstehung zu erläutern. Aktualität huscht ja manchmal so zügig vorbei, dass man sie sich gar nicht merken kann, vor allem nicht auf Dauer.

Diese Sammlung ist so vollständig wie möglich. Wo es mir nötig schien, habe ich den Bestand in Tagesform gebracht.

Viele Gedichte sind neu, d.h. noch in keinem meiner bisherigen Bücher enthalten. Bei den anderen handelt es sich um eine großzügige Auswahl aus den bisher bei Kunstmann erschienenen Lyrikbänden »Draußen hängt die Welt in Fetzen, lass uns drinnen Speck ansetzen« (2002), »Jahreshauptversammlung meiner Ich-AG« (2005), »Prima ist der Klimawandel, auch für den Gemüsehandel« (2007) und »Fremdenverkehr mit Einheimischen« (2010).

Einige Gedichte erschienen auch in meinen bei der Edition Tiamat von Klaus Bittermann verlegten Büchern »Kucken, ob's tropft«, »Ich muss es ja wissen«, »Du bist Deutschland, ich bin einkaufen« und »Alle Zeitfenster auf Kippe«. Außerdem wurden meine Gedichte in diversen Anthologien nachgedruckt. Besonders erwähnt sei hier nur die von Robert Gernhardt und Klaus Cäsar Zehrer herausgegebene Sammlung »Hell und Schnell. 555 komische Gedichte aus 5 Jahrhunderten«.

Unmöglich ist es mir, Quellenangaben zu allen Erstveröffentlichungen zu machen. Häufigste Erstabspielstationen waren aber sicher die *taz*-Wahrheitseite, die *WDR*-Hörfunkprogramme 5 und 2 und die Zeitschrift *Häuptling Eigener Herd*.

Fritz Eckenga, November 2014

Der Autor

Fritz Eckenga, geb. 1955, ruhrt in sich selbst. Vom Stützpunkt Dortmund aus dichtet er sich die Welt zusammen. Die Ergebnisse stellt er in Büchern, im Radio und auf Bühnen vor.
Eckenga spielt Solo-Programme, schreibt Theaterstücke, Hörspiele und ist Radiokolumnist (WDR).
Zahlreiche Buch- und CD-Veröffentlichungen, mehrere Preise, zuletzt Literaturpreis Ruhr und Salzburger Stier.

© Verlag Antje Kunstmann GmbH, München 2015
Satz und Layout: Schuster & Junge, München
Druck und Bindung: Pustet, Regensburg
ISBN 978-3-95614-027-3

Fotonachweise:
Philipp Wente: S. 121, 181, 214; Ulla Michels: S. 90, 91, 197;
Andreas Langheim: S. 152; Imke Mühlenbruch: S. 201